MARCO POLO
ERZGEBIRGE
VOGTLAND

**Reisen mit
Insider-Tipps**

*Diese Tipps sind die ganz speziellen
Empfehlungen unserer Autoren.
Sie sind im Text gelb unterlegt.*

*Fünf Symbole sollen Ihnen
die Orientierung in diesem Führer erleichtern:*

für Marco Polo Tipps – die besten in jeder Kategorie

für alle Objekte, bei denen Sie auch eine schöne Aussicht haben

für Plätze, wo Sie bestimmt viele Einheimische treffen

für Treffpunkte für junge Leute

(108/A 1)
*Seitenzahlen und Koordinaten
für den Reiseatlas Erzgebirge/Vogtland*

*Diesen Führer schrieb Bernd Wurlitzer.
Er stammt aus dem Erzgebirgsvorland und arbeitet seit
fast 30 Jahren als freier Journalist im Osten Deutschlands.*

*Die Marco Polo Reihe wird herausgegeben
von Ferdinand Ranft.*

Die aktuellsten Insider-Tipps finden Sie im Internet unter www.marcopolo.de

MAIRS GEOGRAPHISCHER VERLAG

MARCO ⊕ POLO
Für Ihre nächste Reise gibt es folgende Titel dieser Reihe:

Ägypten • Alaska • Algarve • Allgäu • Amrum/Föhr • Amsterdam • Andalusien • Antarktis • Argentinien/Buenos Aires • Athen • Australien • Azoren • Bahamas • Bali/Lombok • Baltikum • Bangkok • Barbados • Barcelona • Bayerischer Wald • Berlin • Berner Oberland • Bodensee • Bornholm • Brasilien/Rio • Bretagne • Brüssel • Budapest • Bulgarien • Burgund • Capri • Chalkidiki • Chicago und die Großen Seen • Chiemgau/Berchtesgaden • Chile • China • Costa Blanca • Costa Brava • Costa del Sol/Granada • Costa Rica • Côte d'Azur • Dalmat. Küste • Dänemark • Disneyland Paris • Dolomiten • Dominik. Republik • Dresden • Dubai/Emirate/Oman • Düsseldorf • Ecuador/Galapagos • Eifel • Elba • Elsass • Emilia-Romagna • England • Erzgebirge/Vogtland • Finnland • Flandern • Florenz • Florida • Franken • Frankfurt • Frankreich • Franz. Atlantikküste • Fuerteventura • Gardasee • Golf von Neapel • Gomera/Hierro • Gran Canaria • Griechenland • Griech. Inseln/Ägäis • Hamburg • Harz • Hawaii • Heidelberg • Holl. Küste • Hongkong • Ibiza/Formentera • Indien • Ionische Inseln • Irland • Ischia • Island • Israel • Istanbul • Istrien • Italien • Italien Nord • Italien Süd • Ital. Adria • Ital. Riviera • Jamaika • Japan • Jemen • Jerusalem • Jordanien • Kalifornien • Kanada • Kanada Ost • Kanada West • Kanalinseln • Karibik I • Karibik II • Kärnten • Kenia • Köln • Königsberg/Ostpreußen Nord • Ko Samui/Ko Phangan • Kopenhagen • Korfu • Korsika • Kos • Kreta • Kuba • Languedoc-Roussillon • Lanzarote • La Palma • Leipzig • Libanon • Lissabon • Loire-Tal • London • Los Angeles • Lüneburger Heide • Luxemburg • Madeira • Madrid • Mailand/Lombardei • Malaysia • Malediven • Mallorca • Malta • Mark Brandenburg • Marokko • Masurische Seen • Mauritius • Mecklenburger Seenplatte • Menorca • Mexiko • Mosel • Moskau • München • Namibia • Nepal • Neuseeland • New York • Niederlande • Nordseeküste: Niedersachsen mit Helgoland • Nordseeküste: Schleswig-Holstein • Normandie • Norwegen • Oberbayern • Oberital. Seen • Österreich • Ostfries. Inseln • Ostseeküste: Mecklenburg-Vorpommern • Ostseeküste: Schleswig-Holstein • Paris • Peking • Peloponnes • Peru/Bolivien • Pfalz • Philippinen • Phuket • Piemont/Turin • Plattensee • Polen • Portugal • Potsdam • Prag • Provence • Rhodos • Riesengebirge • Rocky Mountains • Rom • Rügen • Rumänien • Russland • Salzburg/Salzkammergut • Samos • San Francisco • Sardinien • Schottland • Schwarzwald • Schweden • Schweiz • Seychellen • Singapur • Sizilien • Slowakei • Spanien • Spreewald/Lausitz • Sri Lanka • St. Petersburg • Südafrika • Südamerika • Südengland • Südsee • Südtirol • Sylt • Syrien • Taiwan • Teneriffa • Tessin • Thailand • Thüringen • Tirol • Tokio • Toskana • Tschechien • Tunesien • Türk. Mittelmeerküste • Umbrien • Ungarn • USA • USA: Neuengland • USA Ost • USA Südstaaten • USA Südwest • USA West • Usedom • Venedig • Venetien/Friaul • Venezuela • Vietnam • Wales • Washington D. C. • Weimar • Wien • Yucatan • Zürich • Zypern • Die besten Weine in Deutschland • Die tollsten Musicals in Deutschland

Die Marco Polo Redaktion freut sich, wenn Sie ihr schreiben: Marco Polo Redaktion, Mairs Geographischer Verlag, Postfach 31 51, D-73751 Ostfildern, E-Mail: marcopolo@mairs.de

Unsere Autoren haben nach bestem Wissen recherchiert. Trotzdem schleichen sich manchmal Fehler ein, für die der Verlag keine Haftung übernehmen kann.

Titelbild: Holzschnitzer (Anzenberger)

Fotos: Anzenberger (107), Autor (10, 13, 20, 24, 57, 72, 83, 87); Lade: Blume (78), Ihlow (28), Kiesling (84), Mathyschok (99), Ott (63); H. Lange (7, 16, 18, 30, 35, 36, 45, 65); Mauritius: Mehlig (4), Otto (58, 74); Steffens: Brehm (54); Schuster: Meier (32), Schröter (94); Timmermann (46, 100), Timmermann: Boldt (14, 50)

5., aktualisierte Auflage 2001 © Mairs Geographischer Verlag, Ostfildern
Chefredakteurin: Marion Zorn
Lektorat: Dorothea Heintze
Gestaltung: Thienhaus/Wippermann (Büro Hamburg)
Kartografie Reiseatlas: © Mairs Geographischer Verlag, Falk Verlag

Das Werk einschließlich aller seiner Teile ist urheberrechtlich geschützt. Jede urheberrechtsrelevante Verwertung ist ohne Zustimmung des Verlages unzulässig und strafbar. Das gilt insbesondere für Vervielfältigungen, Übersetzungen, Nachahmungen, Mikroverfilmungen und die Einspeicherung und Verarbeitung in elektronischen Systemen.

Printed in Germany
Gedruckt auf 100% chlorfrei gebleichtem Papier

INHALT

Auftakt: Entdecken Sie das Erzgebirge und das Vogtland! **5**
Von zahlreichen Aussichtstürmen bieten sich weite Blicke auf das Grenzgebirge zwischen Sachsen und Böhmen und das sich westlich anschließende Vogtland

Geschichtstabelle **8**

Stichworte: Von Griebenherden und Hutzenstuben **11**
Wissenswertes über Brauchtum, Sitten und Persönlichkeiten der Region

Essen & Trinken: Toppkließ und Getzen **17**
Vielseitig zubereitete Kartoffelgerichte bestimmen den Speisezettel der Regionalküche

Einkaufen & Souvenirs: Lichterengel und Nussknacker **19**
Riesengroße Auswahl an gedrechselten Holzfiguren für die Weihnachtszeit

Kalender: Bergparaden im Kerzenschein **21**
Alte Bräuche der Bergleute und die Weihnachtszeit prägen weitgehend den Festkalender

Hotel- und Restaurantpreise **25**

Osterzgebirge: Wintersport- und Wanderparadies **25**
Auf stillen Waldwegen zu Aussichtspunkten, Stauseen und Bergwerksanlagen

Mittleres Erzgebirge: Mit der Dampflok zum Fichtelberg **31**
Die Heimat des bärbeißigen Nussknackers und filigraner Klöppelarbeiten

Westerzgebirge: Spannende Erlebnisse unter Tage **47**
Schaubergwerke mit kilometerlangen dunklen Stollen geben Einblick in bergbauliche Traditionen

Erzgebirgsvorland: Städte mit reicher Geschichte **59**
Prachtvolle Bauten und kostbare Kunstwerke erinnern an früheren Reichtum

Vogtland: Sanfte Höhen, liebliche Täler **73**
Über das »achte Weltwunder« in den klingenden Musik- und stillen Bäderwinkel

Routen im Erzgebirge/Vogtland **89**

Mit MARCO POLO ins Grüne **93**

Praktische Hinweise: Von Auskunft bis Wintersport **101**
Die wichtigsten Adressen und Informationen für Ihre Reise ins Erzgebirge und Vogtland

Warnung: Bloß nicht! **106**
Worauf Sie bei Ihrer Reise achten sollten

Reiseatlas Erzgebirge/Vogtland **107**

Register **119**

Was bekomme ich für mein Geld? **120**

AUFTAKT

Entdecken Sie das Erzgebirge und das Vogtland!

Von zahlreichen Aussichtstürmen bieten sich weite Blicke auf das Grenzgebirge zwischen Sachsen und Böhmen und das sich westlich anschließende Vogtland

Das Erzgebirge trägt den liebevollen Beinamen »Weihnachtsland«. Denn nirgendwo anders in Deutschland erstrahlen Städte und Dörfer in den letzten Wochen des Jahres in solchem Lichterglanz, sind so viele Sitten und Bräuche mit dieser Zeit verbunden. Ihren Ursprung haben sie im Bergbau: Das Licht ist für den Bergmann seit jeher ein Zeichen für Leben und Hoffnung, für Geborgenheit und Glück. Früh, noch vor Sonnenaufgang, fuhr er ins Dunkle ein, und wenn er abends heimkehrte, war es meist schon wieder Nacht. Statt »guten Tag« wünschte man sich ein »Glück auf«, das zum Bergmannsgruß wurde und unter den Männern noch heute gebräuchlich ist.

Der Bergbau hat aber nicht nur das Weihnachtsfest geprägt, er hat das Erzgebirge seit 800 Jahren vielfältig geformt. Im wahrsten Sinne des Wortes. Zum ersten Mal ertönte das »Bergkgeschrey« Mitte des 12. Jhs., dreihundert Jahre später brach in der Region ein regelrechtes Silberfieber aus. Eine alte Urkunde verrät, die Menschen seien »wie zu einer Wallfahrt« gekommen, um ihr Glück zu versuchen. Maulwürfen gleich wühlten sie Gänge in die Erde. Etliche davon blieben erhalten. Sie ziehen in unseren Tagen wieder Tausende Touristen an, die in die Berge steigen oder fahren, um sich in den heutigen Schaubergwerken einen Eindruck vom schweren Bergmannsleben zu verschaffen.

Der Bergbau hat das Erzgebirge im späten Mittelalter zu einer reichen Gegend in Deutschland gemacht. Welch ein Glück für jene, die in unseren Tagen in dieser Region auf den Tourismus setzen. So können neben schöner Natur und historischen Bergbauanlagen auch gewaltige Hal-

Ein Schmuckstück: Die kleine achteckige Kirche steht im Spielzeugmacherdorf Seiffen

lenkirchen, reich geschmückte Bürgerhäuser und wehrhafte Dorfkirchen präsentiert werden. Die in Zwickau beginnende 250 km lange Touristen-Silberstraße verbindet heute die traditionsreichsten Städte und Dörfer mit der sächsischen Landeshauptstadt Dresden.

Noch einmal lebte der Bergbau nach dem Zweiten Weltkrieg auf. Die Wismut AG, in der viele Jahre die Russen das alleinige Sagen hatten, schürfte gnadenlos nach Uran. Sichtbare Zeichen der Wismut-Zeit sind riesige Abraumhalden, vor allem bei Aue und Johanngeorgenstadt. Durch viel Grün sind die von Menschenhand geschaffenen Berge mittlerweile kaum noch als Hinterlassenschaft des Wismut-Bergbaus erkennbar.

Die höchsten und schönsten Berge jedoch hat die Natur geschaffen. Auf mindestens zwei Dutzend von ihnen zwischen Schönberg im Vogtland und Altenberg im Osterzgebirge wurden Aussichtstürme errichtet. Bei schönem Wetter bieten sie herrliche Fernsichten auf sanftwellige Höhen, aufgesetzte Kuppen, lang gestreckte oder tief eingeschnittene Täler. Und auf stille Dörfer mit gastfreundlichen Menschen. Die Erzgebirgler und Vogtländer sind kontaktfreudig und aufgeschlossen, sie haben sogar ein regelrechtes Faible für Gemütlichkeit.

Die Erzfunde gaben dem Grenzgebirge zwischen Sachsen und Böhmen seinen Namen. Auf einer Länge von 130 km und einer durchschnittlichen Breite von 35 km zieht sich das Erzgebirge vom Auersberg im Westen bis zum Geisingberg im Osten hin. Es erstreckt sich bis in die Tschechische Republik, wo es den Namen Krušné hory trägt. Die Einheimischen sagen »Huckelkuchen« zu ihrem Gebirge.

Das sich westlich anschließende Vogtland kam durch die einzigartige Machtfülle kaiserlicher Reichsvögte zu seinem Namen. Das war vor mehr als sieben Jahrhunderten. Seine politische Selbstständigkeit verlor das Gebiet in der zweiten Hälfte des 16. Jhs. Als Landschaftsbezeichnung blieb der Name Vogtland für die südwestlichste Ecke Sachsens und eine kleine Region im Osten Thüringens um Greiz und Zeulenroda erhalten. Reminiszenz an die nur von 1248 bis 1373 dauernde Herrschaft der Weidaer Vogtlinie über Hof und das Regnitzland sind das Autobahndreieck Bayerisches Vogtland und das gleichnamige Museum in Hof.

Um die blumenübersäten Berg- und Feuchtwiesen, die Fluss- und Bachtäler, die geheimnisvollen Hochmoore und dunklen Bergmischwälder zu erhalten, entstand der Naturpark Erzgebirge/Vogtland. Als schmales Band zieht er sich vom Vogtlandort Schönberg bis Holzhau im Osterzgebirge hin. Das Erzgebirge ist mit rund 2,5 Mio. Übernachtungen im Jahr in gewerblichen Beherbergungsstätten das beliebteste sächsische Feriengebiet. Das Vogtland nimmt von den zehn sächsischen Reiseregionen mit etwa 1,5 Mio. Übernachtungen Platz vier ein. Natur, Kunst und Kultur sind es jedoch nicht allein, die zu dieser positiven Entwicklung geführt haben, vor allem mit Ideen und attraktiven Angeboten wurden die Gäste

AUFTAKT

Die Zschopau durchfließt den gleichnamigen Erzgebirgsort

seit der Einheit Deutschlands ins Erzgebirge und Vogtland geholt.

Ideen waren schon einmal gefragt, nach dem Niedergang des Bergbaus. Die Menschen mussten sich damals nach neuen Erwerbsquellen umsehen. Sie begannen zu schnitzen und zu drechseln, was bisher Freizeitbeschäftigung war, wurde nun zum Broterwerb. Pyramiden, Räuchermännchen, Lichterengel und Schwibbögen aus Seiffen, Olbernhau und anderen Orten haben den Namen Erzgebirge in die Welt getragen. Begehrt wurden auch Plauener Spitzen, Klöppelarbeiten sowie die Posamenten, hier zu Lande unentbehrliches Beiwerk modischer Kleidung (Borten, Schnüre und Quasten). Um 1870 war Annaberg einer der ersten Posamentenhandelsplätze der Welt. Worauf man heute noch stolz ist: Die USA unterhielten in Annaberg eigens ein Konsulat. Im vogtländischen Musikwinkel um Klingenthal, Markneukirchen und Schöneck singt und klingt es das ganze Jahr über, und das seit 1677, als sich Geigenbauer zur ersten Innung zusammenschlossen. In den letzten DDR-Jahren waren hier fast 8000 Menschen im Musikinstrumentenbau tätig, was sie bauten, wurde zu Dumpingpreisen ins westliche Ausland verhökert, um an die begehrten Devisen zu kommen. Heute gibt es noch knapp 600 Musikinstrumentenbauer, die volle Auftragsbücher vorweisen können. Musikinstrumente aus dem Vogtland sind nach wie vor in der Welt gefragt. Denn es sind in Handarbeit angefertigte Spitzeninstrumente, gespielt von international anerkannten Solisten.

Erzgebirge und Vogtland haben zu allen Jahreszeiten ihren Reiz. Im Winter, wenn die Fichten sich unter ihrer zentnerschweren weißen Last biegen; im Frühling, wenn Krokusse und Rhododendron blühen; im Som-

Geschichtstabelle

1168
Beginn der ersten Blütezeit des Bergbaus durch Silberfunde in Freiberg

1254
Der Name Vogtland wird erstmals genannt

1471
Mit Silberfunden in Annaberg und Schneeberg beginnt die zweite Blütezeit des Bergbaus

1553
Kurfürst August übernimmt die Regentschaft und führt Sachsen zu wirtschaftlichem Aufschwung

1602
Bildung des »Vogtländischen Kreises« mit Plauen als Verwaltungssitz

1677
Gründung der ersten Geigenmacherinnung Deutschlands in Markneukirchen

1694
August der Starke, Sachsens berühmtester Kurfürst, übernimmt die Macht

1699
Erstmals werden Erzeugnisse aus dem Spielzeugmacherdorf Seiffen auf der Leipziger Messe angeboten

1765
Gründung der Bergakademie Freiberg als erste Technische Hochschule Deutschlands, heute die älteste montanwissenschaftliche Hochschule der Welt

1918
Unruhen während der Novemberrevolution, Sachsens König Friedrich August III. dankt ab

1945
Schwere Zerstörungen durch angloamerikanische Bombenangriffe auf Chemnitz und Plauen; die US-Armee besetzt im Mai das Vogtland und das westliche Erzgebirge. Diese Regionen werden im Juli an die Sowjetarmee übergeben

1949
Gründung der DDR

1952
Auflösung der Länder: Das östliche Erzgebirge und Freiberg kommen zum Bezirk Dresden; das mittlere und westliche Erzgebirge sowie Zwickau und das sächsische Vogtland zum Bezirk Karl-Marx-Stadt; das thüringische Vogtland zum Bezirk Gera

1990
Neugründung der Länder: Das Erzgebirge und das sächsische Vogtland kommen zum Freistaat Sachsen, das thüringische Vogtland zum Bundesland Thüringen

1996
Der Naturpark Erzgebirge/Vogtland wird gegründet

2000
Bedeutendes Sportjahr für die Region: Weltcup in der Nordischen Kombination, Bob-WM, Curling Junioren WM sowie Motorrad-WM-Läufe auf dem Sachsenring

AUFTAKT

mer, wenn es in den dunkelgrünen Wäldern nach Harz und Moos riecht; und im Herbst, wenn Pilze reichlich sprießen, rote Ebereschen an den Straßenrändern leuchten und in den Tälern Nebel wallen. Die schönste Zeit ist aber unbestritten die um Weihnachten. Bereits vor dem ersten Advent werden Engel, Schwibbögen und Bergmänner aufgestellt, ganze Räuchermännl-Kompanien halten in den Stuben Einzug. Tausende von Kerzen leuchten aus den Fenstern in die Dunkelheit, in den Vorgärten stehen kerzenbestückte Weihnachtsbäume, und auf Plätzen drehen sich meterhohe beleuchtete Pyramiden. Die ersten Freilandpyramiden wurden Anfang der Dreißigerjahre in Aue, Frohnau und Schwarzenberg aufgestellt, mehr als zweihundert sind es gegenwärtig im gesamten Erzgebirge. Als Vetter des erzgebirgischen Lichterbergmanns gilt der vogtländische Moosmann, ein kleiner Wicht, der der Legende nach in kleinen Waldhöhlen hausen soll. Lichttragende Moosmänner sollen zum ersten Mal um 1840 in Falkenstein aufgetaucht sein.

Höhepunkt der weihnachtlichen Festlichkeit bildet der Heiligabend, ein Tag mit besonders vielen Traditionen. Wo sie gepflegt werden, versammelt sich pünktlich mit dem sechsten Glockenschlag am Abend die Familie zum Heiligabendessen, alle Kerzen im Zimmer sind angezündet, das beste Porzellan wurde hervorgeholt. Ein Gedeck mehr ist aufgelegt, gedacht für einen Hungrigen, der anklopfen könnte. Nachdem man sich bei den Händen gefasst und guten Appetit gewünscht hat, wird traditionell das »Neinerlaa« (Neunerlei) aufgetischt. In den Regionen ist die Zusammenstellung unterschiedlich – fast immer gehören Klöße, Bratwurst und Sauerkraut dazu. In die Betten geht's bei den Familien beizeiten, die am ersten Weihnachtsfeiertag zur Christmette wollen. Denn wer sich in der Kirche einen Sitzplatz sichern möchte, muss früh die Stiefel schnüren und in die kalte Winternacht treten. Um 3 Uhr werden meist die Türen der Kirchen geöffnet, zwei Stunden später beginnt die Mette. Kalte Füße sind der Preis für einen guten Platz. Im Mittelpunkt der Christmette steht das Krippenspiel. Nicht nur Gläubige besuchen die Christmetten, für viele gehören sie zum kulturellen Bestandteil des Weihnachtsfestes.

Die Mettenschicht war die letzte Arbeitsschicht der Bergleute vor dem Heiligabend, die mit einer Andacht, der »Mette« (Messe), endete.

Leiser Flockenwirbel und sich drehende Pyramiden, flackernder Kerzenschein und Turmblasen, festliche Bergparaden und unter den Füßen knirschender Schnee – die Orte im Erzgebirge und in großen Teilen des Vogtlandes verwandeln sich zur Weihnachtszeit in ein Märchenland. Weihnachten ist hier das Fest der Superlative! Wer einmal dabei war, wird lange von dem weihnachtlichen Zauber, der besonderen Atmosphäre schwärmen. Vorbehaltlos wird er den Worten der Einheimischen zustimmen: »Wenn de Peremed sich dreht, da is be uns derhaam im Arzgebirg de scheenste Zeit!« (Wenn die Pyramide sich dreht, das ist bei uns zu Hause im Erzgebirge die schönste Zeit!)

STICHWORTE

Von Griebenherden und Hutzenstuben

Wissenswertes über Brauchtum, Sitten und Persönlichkeiten der Region

Agricola, Georgius (1494–1555)

»Vater der Mineralogie« wird der Arzt, Naturforscher und Bergbauwissenschaftler genannt, an den in Sachsen zahlreiche Straßennamen erinnern. Agricola hieß eigentlich Georg Pawer oder Bauer, der damaligen Gepflogenheit folgend hatte er seinen Namen latinisiert. Agricolas 1556 erschienenes zwölfteiliges Hauptwerk »De re metallica, libri XII« war mehr als zweihundert Jahre lang in vielen Ländern das führende Lehrbuch für den Bergbau. Agricola studierte in Leipzig, war Rektor an der so genannten Großen Schule in Zwickau und studierte danach in Italien weiter. Von 1531 an wirkte er als Stadtarzt in Chemnitz, wo er mehrmals zum Bürgermeister gewählt wurde.

Buckelbergwerk

Ein hölzerner Kasten, der auf dem Rücken (Buckel) getragen wird und in dem sich eine unterirdische Bergwerksanlage im Schnitt befindet. Eine seitlich eingeführte Kurbel setzt über Rollen, Hebel und Drähte die Figuren in Bewegung. Mit den Buckelbergwerken zogen arbeitsunfähig gewordene Bergleute auf Weihnachts- und Jahrmärkte, um sich einige Pfennige zu verdienen. Heute gehören Buckelbergwerke zu den Kostbarkeiten der Erzgebirgsmuseen.

Curling

Bob, Ski, Snowboard, Loipe, diese Begriffe aus dem Wintersport sind geläufig. Aber weitgehend unbekannt ist Curling, das sich in Geising etabliert hat, wo 2000 sogar die Junioren-Weltmeisterschaften in dieser Sportart stattfand. »To curl« heißt auf Englisch kräuseln, drehen. Die Sportart entstand um 1500 in einem schottischen Kloster und erinnert an das Eisstockschießen. Gespielt wird mit maximal 19,96 kg schweren, meist aus Granit bestehenden Curlingsteinen, die einen Durchmesser von 28 cm haben. Damit der Stein auf dem Eis besser in Richtung der Gegenmannschaft schlittert, wird der zum Spiel gehörende Besen zu Hilfe genommen. Vor dem Stein wird mit

Biedermeiermöbel aus dem Besitz des Tonschöpfers im Zwickauer Robert-Schumann-Haus

ihm das Eis gewischt, das sich dadurch erwärmt und so den Weg des Steins bis zu 5 m verlängert.

Erzgebirgisch
Im Erzgebirge wird *Arzgebigsch* gesprochen. Einen einheitlichen Dialekt gibt es jedoch nicht. Bei uns wird überall so gesprochen, sagen die Einheimischen, »wi dr Schnobl su gewachsn is«. Im erzgebirgischen Dialekt bestehen die unterschiedlichsten Mundarten, oft variieren die Sprechweisen von Ort zu Ort, jeder Heimatdichter hat seine eigene Schreibweise. Einiges ist aber einheitlich, so fehlt beispielsweise generell das ü, das stets als i ausgesprochen wird, ei- und au-Laute werden oft zu aa (das Bein zu Baa und der Baum zum Baam), typisch ist auch die Verniedlichung, so wird der Vogel zum Vechele und das Haus zum Heisl. Im »Kleinen Wörterbuch Erzgebirgisch-Deutsch« *(S. 52)* werden Beispiele genannt, die für größere Regionen des Erzgebirges typisch sind. Das Vogtländische ist ein fränkischer Dialekt, auch hier gibt es unterschiedliche Mundarten.

Griebenherd
An die im Vogtland vom 15. bis Ende des 19. Jhs. weit verbreitete Pechsiederei erinnern Griebenherde, auch Pechpfannen genannt. Bis in unser Jahrhundert hinein standen die meist quadratischen, kesselförmig ausgemeißelten Steine mit einer Seitenlänge von 80 cm vor vielen Bauernhäusern. Über den Stein schichtete der Bauer meilerartig verharztes, aufgespaltenes Kiefernholz, das er mit Rasenstücken abdeckte, damit es beim Verbrennen nur schwelte. Durch ein Bodenloch floss das für den Hausgebrauch bestimmte Pech in ein darunter gestelltes Gefäß. Als Grieben bezeichnet der Vogtländer kleine Holzstücke. Gut erhaltene Griebenherde liegen im Adorfer Ortsteil Arnsgrün (Nähe des Gehöfts Nr. 4), in Bad Brambach (auf der Oberbrambacher Höhe), in Bad Elster (vor dem Südeingang des Kurhauses) und in Landwüst (am Museum).

Günther, Anton (1876–1937)
Der wohl bekannteste Volksdichter und Heimatsänger des Erzgebirges schrieb rund 150 Lieder in erzgebirgischer Mundart. Am meisten gesungen werden »'s is Feierobnd«, »Of de Barg, do is halt lustig« und der »Schneeschuhfahrermarsch«. Bereits am Ende der Zwanzigerjahre des 20. Jhs. machte Günther Rundfunk- und Schallplattenaufnahmen. Seine letzte Ruhestätte bekam der Volksdichter auf dem Friedhof seines Geburtsortes Gottesgab (heute Boží Dar), dem ersten Dorf hinter dem Grenzübergang Oberwiesenthal.

Handklöppeln
Seit dem 16. Jh. wird im Erzgebirge geklöppelt, die älteste Darstellung ist auf einem mehr als 400 Jahre alten Altarbild zu sehen, das das Annaberg-Buchholzer Erzgebirgsmuseum besitzt. Handklöppelspitzen aus dem Erzgebirge gehörten bereits im 17. und 18. Jh. zum Angebot exquisiter Geschäfte in zahlreichen europäischen Ländern.

Den Klöppelsack stopfen sich die Frauen noch heute mit Haferstroh oder Sägespänen selbst. Geklöppelt wird nach dem Klöp-

STICHWORTE

pelbrief, einem Pappstück oder festen Papierstreifen, auf dem das Muster durch Punkte vorgegeben ist. Der Klöppelbrief wird auf dem Sack befestigt, und in die Punkte steckt die Klöpplerin Stecknadeln, die als Klöppelhilfe die Fäden halten, bis sie verfestigt werden. Die hölzernen Klöppel sind etwa sechs Zentimeter lang, benötigt werden 20 bis 100 Stück.

Hutzenstube

Gesellige Zusammenkünfte, besonders in der Winterzeit, werden Hutzenabend genannt. Es wird erzählt, gesungen, musiziert und gegessen. Einst wurde als Hutzenstube ein Arbeitsraum bezeichnet, in dem sich beispielsweise die Klöpplerinnen der Nachbarschaft trafen. Sie sangen zum Klöppeln und tranken ihr »Tippel« Malzkaffee.

Postmeilensäule

1713 hatte August der Starke den Auftrag erteilt, das Kurfürstentum kartografisch zu vermessen. Als Wegsteine wurden per kurfürstliches Dekret von 1721 Postmeilensäulen aufgestellt, die heute beispielsweise noch Bad Elster, Oberwiesenthal, Markneukirchen und Zwönitz zieren. Mit der Vermessung wurde der vogtländische Pfarrer Adam Friedrich Zürner (1679–1742) beauftragt, der den klangvollen Titel »Land- und Grenz-Commissarius« verliehen bekam. Er konstruierte den so genannten »Geometrischen Wagen«, mit dem er während der Fahrt die gefahrene und vermessene Wegstecke ablesen konnte. Die an den Säulen vermerkte »Stunde« ist keine Zeitstunde von 60 Min., auch hat sie nichts mit der Fahrtzeit der Postkutsche zu schaffen. Es ist eine Entfernungsangabe: Eine Post- oder Polizeimeile hatte in Kursachsen die heutige Länge von 9,062 Kilometern, und eine solche Meile wurde mit »2 Stunden« an den Säulen bezeichnet. Die Postmeilensäulen verloren ihre Bedeutung, als man in Sachsen 1840 die Meile (eine Länge von 7500 m) einführte. Sie wurde 1873 vom Kilometer abgelöst. An Zürner wird im Museum Schloss Voigtsberg in Oelsnitz erinnert.

Reifendrehen

In Seiffen entstehen aus Holzreifen Tausende von Spieltieren. Aus einer Holzscheibe wird ein Reifen mit Vertiefungen und Erhöhungen gedreht, der nicht erkennen lässt, was die Phantasie

Kurort Oberwiesenthal –
Postmeilensäule am Markt

des Reifendrehers erdacht hat. Erst wenn der Reifen mit Hammer und Messer gespalten wird, ist das Profil der Tiere im Querformat sichtbar. Ohren, Schwanz und andere Einzelteile werden gesondert gedreht und an die Tierkörper angeleimt. Das Reifendrehen soll nur in Seiffen zu Hause sein. Sorgsam wurde einst darauf geachtet, dass diese Kunstform des Drechselns ein Geheimnis blieb. An den Türen der Werkstätten befanden sich Schilder mit der Aufschrift »Zutritt für Fremde verboten«, und das Innungsstatut verbot das öffentliche Reifendrehen. Zur Blütezeit dieser Handwerkskunst Ende des 19., Anfang des 20. Jhs. reisten jährlich Zehntausende von hölzernen Spieltieren von Seiffen aus in die Welt. Im Seiffener Freilichtmuseum gibt es Vorführungen im Reifendrehen.

Von Annaberg-Buchholz aus brachte Adam Ries dem Volk das Einmaleins bei

Ries, Adam (1492–1559)
In der Redewendung »das macht nach Adam Riese« ist uns der berühmteste deutsche Rechenmeister noch heute geläufig. Über dreißig Jahre seines Lebens verbrachte er in Annaberg, wo das Adam-Ries-Museum ausführlich über ihn informiert. Der »Churfürstlich Sächsische Hofarithmeticus« hatte im 16. Jh. die Rechenkunst so aufbereitet und vereinfacht, dass sie auch von dem »gemeynen man« verstanden und angewendet werden konnte. Die Rechenbücher von Ries waren in deutscher Sprache und nicht in dem damals weithin verbreiteten, aber für viele unverständlichen Latein verfasst.

Schumann, Robert (1810–1856)
Der in Zwickau geborene Komponist des 19. Jhs. schuf vor allem Klavierwerke, allein im Jahr 1840 komponierte er 150 Lieder für Klavier und Singstimme. Besonders fruchtbar war die Zeit ab 1844 in Dresden, in der rund ein Drittel seiner Kompositionen entstand, darunter die große C-Dur-Sinfonie. Schumanns Frau Clara war unter ihrem Mädchennamen Wieck eine bekannte Pianistin. In Zwickau erinnert das Robert-Schumann-Haus mit einer umfangreichen Ausstellung an den Komponisten und seine Frau.

Schwibbogen
Eine beliebte Weihnachtsdekoration im Erzgebirge, die Motive der Volkskunst wie Klöpplerin und Bergmänner zieren. Ursprünglich war der Schwibbogen ein für den praktischen Gebrauch bestimmter bogenförmiger Eisenleuchter, den die Bergschmiede herstellten. Der älteste bekannte Schwibbogen stammt aus dem Jahre 1778. Bis in die Dreißigerjahre des 20. Jhs. waren Schwibbögen fast nur im Gebiet um Johanngeorgenstadt bekannt. 1937 wurde ein Schwibbogen als

STICHWORTE

Signum für eine Volkskunstschau in Schwarzenberg ausgewählt, danach begann seine Verbreitung. Schwibbögen stehen in fast jeder Wohnung, sie gehören aber auch zu den Ortsbildern. Der wohl größte des Erzgebirges leuchtet auf dem Fastenberg bei Johanngeorgenstadt, er ist 6,5 m hoch und 3,2 m breit.

Silbermann, Gottfried (1683–1753)
45 Orgeln hat Sachsens berühmtester Orgelbaumeister geschaffen, 31 sind erhalten. Silbermanns älteste und mit drei Manualen, 44 Registern und 2676 Pfeifen größte Orgel (1711–14) erklingt bis auf den heutigen Tag im Freiberger Dom. Das Orgelbauerhandwerk erlernte Silbermann bei seinem Bruder Andreas in Straßburg. Sein Geburtshaus im Frauensteiner Ortsteil Kleinbobritzsch ist an einer Gedenktafel zu erkennen, das Museum in Frauenstein trägt seinen Namen.

Stülpner, Karl (1762–1841)
Der Wildschütz wurde zum Anwalt der Armen, der sich gegen die feudalen Jagdgesetze auflehnte. Die Obrigkeit konnte Stülpner trotz hoher Kopfprämien nicht fassen. Stülpners Abenteuer, oft legendenhaft verklärt, lieferten Stoff für Erzählungen und Theaterstücke. Der bekannteste Stülpner-Roman »Der Sohn der Wälder« (1922) stammt von Kurt Arnold Findeisen. In Scharfenstein erinnert ein Gedenkstein an Stülpners Geburtshaus, sein Grab bekam er auf dem Friedhof in Großolbersdorf. Das Heimatmuseum Marienberg zeigt originale Gegenstände aus seinem Besitz.

Trabant
Genau 33 Jahre, fünf Monate und 23 Tage lang lief das Kleinauto Trabant vom Band. Der knatternde und stinkende DDR-Zweitakter mit einer Plastekarosse wurde geliebt, beschimpft, belächelt und mit vielen Kosenamen wie »Asphaltblase«, »Fahrpappe« und »Gehhilfe« bedacht. Der letzte Trabant, es war der 3 096 099., verließ am 20. April 1991 das Zwickauer Sachsenringwerk. Er wurde nur um die Ecke gefahren – ins Automobilmuseum.

Weihnachtsberg
Kunstvolle Miniaturlandschaften von mehreren Quadratmetern Größe, die vor allem in der Weihnachtszeit aufgestellt werden. Die Weihnachtsberge sind Meisterwerke der Bastelei und des Schnitzens, sie verblüffen durch zahlreiche Figuren, die ein versteckter Mechanismus bewegt. Die ersten Weihnachtsberge entstanden vermutlich im 16. Jh., mit ihnen stellte der schnitzende Bergmann seine Arbeitswelt dar. Ab Anfang des 19. Jhs. erweiterten sich die Motive, sogar orientalische Darstellungen kamen auf. Einen besonders schönen orientalischen Weihnachtsberg zeigt das Museum »Knochenstampfe« in Dorfchemnitz. Bedingt durch die veränderten Lebens- und Wohnverhältnisse werden Weihnachtsberge aus Platzgründen kaum noch in Wohnungen aufgestellt, in der Weihnachtszeit bilden sie Besuchermagnete in vielen Museen. Die schönste Sammlung besitzt das Museum für bergmännische Volkskunst in Schneeberg.

ESSEN & TRINKEN

Toppkließ und Getzen

Vielseitig zubereitete Kartoffelgerichte bestimmen den Speisezettel der Regionalküche

Klöße mit Roulade, Sauerbraten oder Kaninchen gehören zum Festessen. Weihnachten ohne Klöße beispielsweise ist undenkbar. Der Erzgebirgler nennt sie »Toppkließ«, der Vogtländer »Griegenifte«. Sie bestehen aus geriebenen rohen Kartoffeln, deshalb auch als »grüne« oder »rohe« Klöße bezeichnet; nur selten werden etwas gekochte Kartoffeln beigemischt. Noch heute orientieren sich gute Köche bei der Kloßqualität an dem, was am 16. Januar 1898 in der Zeitung »Vogtländischer Anzeiger und Tageblatt« zu lesen war: »Ein richtiger Kloß muss so groß sein wie ein kleiner Kindskopf, hellgrau aussehen, und was die Hauptsache ist, er muss in der Schüssel zittern.« Grüne Klöße sollen 20 Min. in Salzwasser köcheln und »dann gleich auf den Tisch kommen und gegessen werden, denn durch das Stehen werden sie hart«. Wird der Kloßteig in der Pfanne gebacken, dann sind das Kartoffelpuffer, die im Erzgebirge »Getzen« oder »Glitscher« und im Vogtland »Bambes« heißen. Köstlich schmeckt dazu Hammelbraten. Zu den Lieblingsgerichten gehören auch saure Flecke (Kaldaunen) und marinierter Hering mit Pellkartoffeln.

Köstlich schmeckt am Nachmittag der mit Zucker und Zimt bestreute »Aardäppelkuchn«, vor allem wenn er noch warm ist. Das Rezept ist schlicht und einfach: Dem Hefeteig werden gekochte geriebene Kartoffeln beigemengt. Die Eierschecke birgt eine süße Quarkfüllung, »Aschkuchen« heißt ein Rührkuchen, der in einer schüsselartigen Form (dem Asch) gebacken wird.

Die Krönung der Weihnachtsbäckerei ist der Christstollen. Nicht selten wird noch der zu Hause nach alten Familienrezepten zubereitete Teig zum Bäcker gebracht, der ihn formt und in seinen Ofen schiebt. Bei der Menge ist die Hausfrau nicht kleinlich – oft wird der letzte Stollen erst zu Ostern angeschnitten.

Wer zu viel grüne Klöße oder Stollen gegessen hat, dem hilft vielleicht ein »Altenberger Gebirgsbitter« oder ein »Erzgebirgs-Kräuter« aus Bockau.

Markt in Chemnitz – ein bunter Farbtupfer in der Stadt

EINKAUFEN & SOUVENIRS

Lichterengel und Nussknacker

Riesengroße Auswahl an gedrechselten Holzfiguren für die Weihnachtszeit

För die meisten steht von Anfang an fest, was als Souvenir das Erzgebirge verlassen soll: eine Figur für die Weihnachtszeit. Doch wer in Seiffen (oder auch anderen Orten) in Werkstätten oder Geschäfte schaut, stöhnt qualvoll auf. Die Auswahl an handgefertigten Lichterengeln, Schwibbögen, Nussknackern und Räuchermännchen ist riesig. Und da ein erzgebirgisches Räuchermännchen vielleicht mit heimischen Räucherkerzchen am besten pafft, sollten Sie ein Päckchen »Original Crottendorfer« nicht vergessen.

Beliebtes Mitbringsel sind auch in Handarbeit hergestellte Klöppeldecken. Ihren Wert kann nur ermessen, der weiß: 600 Stunden sitzt eine versierte Klöpplerin am Klöppelsack, bis sie eine Decke für einen Wohnzimmertisch fertig hat. Gefragt ist ebenfalls Plauener Spitze, denn was in der Vogtlandstadt angeboten wird, ist garantiert echt. Die Erfindung der maschinengestickten Tüllspitze und Ätzspitze in den Achtzigerjahren des vorigen Jahrhunderts verschaffte Plauen Weltruf als Spitzenstadt.

Ab Herbst wird »Original Erzgebirgischer Butterstollen« angeboten, das lokale Weihnachtsgebäck. Er ist so verpackt, dass er bis zur Adventszeit nichts von seiner Qualität einbüßt. Den Bauernhasen dagegen gibt es zu allen Jahreszeiten, aber nur im *Café Hartmann* in Freiberg. Lassen Sie sich dort den Beizettel mitgeben, auf dem die Hasengeschichte steht: Ein Koch namens Bauer soll im 13. Jh. dem Markgrafen und dem Kaplan von St. Martin einen Hasen zum Essen vorgesetzt haben – zur Fastenzeit eine Sünde. Der Kaplan erzürnte sich jedoch zu früh, denn der Hase war (und ist) aus Hefeteig, dem heutzutage Mandeln, Rosinen und Gewürze beigegeben werden. Um welche es sich handelt, bleibt das Geheimnis der Konditoren im *Café Hartmann*.

Als Mitbringsel beliebt ist auch ein Kräuterlikör, 15 Hersteller gibt es noch im Erzgebirge. Ihren Ursprung haben die Köstlichkeiten im Reichtum an Kräutern und Wildfrüchten sowie alten Familienrezepturen.

In alle Welt werden die zünftigen Holzfiguren verschickt

KALENDER

Bergparaden im Kerzenschein

Alte Bräuche der Bergleute und die Weihnachtszeit prägen weitgehend den Festkalender

Wenn im Erzgebirge die Mitglieder der Bergbrüderschaften zu Paraden aufmarschieren, säumen Tausende die Straßen. An der Tracht wird die Berufsstellung erkennbar: Die Steiger sind goldbetresst, ihre Bergmützen zieren Federbüsche, die Hauer tragen schwarze Kittel und weiße oder gelbe Kniebundhosen. Lautstark blasen und trommeln die Musiker der Bergkapellen. Die Schilder mit den Ortsnamen, getragen von Grubenjungen, sind nur für die Fremden gedacht, denn die Einheimischen können die Bergbrüderschaften an der Tracht und oft auch durch die gespielte Bergmusik mühelos ausmachen. Besonders stimmungsvoll sind die Aufmärsche im Kerzenschein zur Weihnachtszeit. Die Bergbrüderschaften halten Erinnerungen an die große Zeit des Bergbaus wach.

Zur Annaberger Kät, dem größten Volksfest des Erzgebirges, treffen sich Jung und Alt. Die Kät hat Tradition, entstanden ist sie im Zusammenhang mit der Weihe der Annaberger Hospitalkirche 1520. Der kirchliche Charakter ist schon lange verschwunden, die Kät wurde ein weltliches Vergnügen mit Schaustellern und vielen Verkaufsständen, an denen angeboten wird, was kunstfertige Hände im Erzgebirge aus Holz zaubern. Wer den Kätplatz nicht auf Anhieb findet, kann sich von jedem Kind den Weg zeigen lassen, oder er folgt dem Duft der Rostbratwürste – denn auf Holzkohle gegrillte »Roster« gehören zur Annaberger Kät. Die Vogtländer dagegen freuen sich das ganze Jahr über auf die Kirmes, zu der Verwandte, Bekannte und Freunde scharenweise herbeiströmen. Es wird gegessen, gesungen, getanzt, und wenn der Aufbruch naht, gehört es sich, für »die daheim« ein großes Kuchenpaket mitzugeben.

Im Jahreslauf findet im Erzgebirge und Vogtland eine Fülle von Feiern, Festen und Märkten statt, bei den geselligen und gemütlichen Menschen dieser Region kein Wunder. Eine der größten Feiern neben der Hochzeit bildet der Schulanfang, der in keiner anderen Region Deutschlands mit solchem Aufwand wie im Erzgebirge begangen wird.

Vor einer großen Bergparade

FEIERTAGE

Neujahr, Karfreitag, Ostermontag, 1. Mai *(Tag der Arbeit), Himmelfahrt, Pfingstmontag,* 3. Oktober *(Tag der Deutschen Einheit),* 31. Oktober *(Reformationstag), Buß- und Bettag (nur in Sachsen),* 1. und 2. Weihnachtsfeiertag

BESONDERE VERANSTALTUNGEN

Februar

Schlittenhunderennen in Hammerbrücke (mit Teilnehmern aus vielen Ländern), *zweites Wochenende.*

Internationaler Kammlauf, traditionsreichster Ski-Volkslauf im Osten Deutschlands über 50 und 25 km mit Start und Ziel in Klingenthal-Mühlleithen (mehr als 1000 Teilnehmer), *letzter Sa.*

Fastnacht

★ *Skifasching am Fichtelberg* in Oberwiesenthal, meist das *Wochenende vor Fastnacht.*

April

Sächsisches Mozartfest in Chemnitz und Umgebung (Musik im Zusammenhang mit Literatur, Tanz und vielen anderen Themen), *zwei Wochen Mitte des Monats.*

Mai

Musiktage in Klingenthal mit dem Internationalen Akkordeonwettbewerb (Leistungsvergleich der Weltspitze), *eine Woche in der ersten Monatshälfte.*

Internationaler Instrumentalwettbewerb in Markneukirchen mit Teilnehmern aus vielen Ländern (jährlich wechselnd für Blas- und Streichinstrumente; 2001 Streich-, 2002 Blasinstrumente), *zwei Wochen in der zweiten Monatshälfte.*

Saigerhüttenfest (Theater, Tanz, Konzert) in Olbernhau, *zweites Wochenende.*

Bingefest in Geyer, *letztes Wochenende.*

Juni

Spitzenfest in Plauen (historischer Markt und Kulturveranstaltungen), *drittes Wochenende.*

Sächsisch-Böhmisches Musik-Festival. Aufführung von Werken von Komponisten, deren Leben und Wirken mit Sachsen und Böhmen verbunden ist, *zwei Wochen in der zweiten Monatshälfte in mehreren Erzgebirgsorten.*

Internationales Trabantentreffen in Zwickau (am 6. Treffen 1999 nahmen rund 6500 Trabis teil, 331 Fahrzeuge bildeten den Schriftzug »Zwickau 2000«, das was einen Eintrag im Guinness buch der Rekorde ergab), *letztes Wochenende.*

Schloss- und Schützenfest in Frauenstein (historischer Markt und Ermittlung des Schützenkönigs), *drittes Wochenende.*

Annaberger Kät in Annaberg-Buchholz (ältestes Volksfest des Erzgebirges), *14 Tage nach Pfingsten.*

Brauereifest in Wernesgrün (Biergarten und Veranstaltungen, Kunsthandwerkerkstände), *viertes Wochenende.*

Bergstadtfest in Freiberg (mit Bergparade in der Altstadt), *letztes Wochenende.*

Juni/Juli

Fest Alter Musik (Konzerte an der Silberstr.), *letztes Juniwochenende bis erstes Juliwochenende.*

Juli

★ ==Bergstreittag== in Schneeberg (18 Uhr Bergparade, 19 Uhr Berggottesdienst), Abschlusskonzert vor dem Rathaus), *22. Juli.*

KALENDER

MARCO POLO TIPPS FÜR FESTE

1 Skifasching
Ausgelassenes Treiben am Fichtelberg in Oberwiesenthal (Seite 22)

2 Europäisches Blasmusikfest
Musiker aus vieler Ländern Europas spielen auf (Seite 23)

3 Bergstreittag in Schneeberg
Viele Bergstreittage sind schön, dieser dürfte die Nummer eins sein (Seite 22)

4 Weihnachtsmärkte
»Bilderbuchweihnachtsmarkt« in Johanngeorgenstadt (Seite 23)

Internationales Gitarrenfestival in Erlbach, *viertes Wochenende.*

Kunst- und Handwerkermarkt in Frauenstein (mit einem der weltgrößten Drehorgelorchester), *vierter So.*

Juli bis September
Festival Mitte Europas – Sachsen, Böhmen, Bayern (Klassik- und Jazzkonzerte, Ausstellungen und Lesungen, Theater), *in verschiedenen Orten des Vogtlandes.*

Kirmes in vielen Dörfern.

August
Country- und Truckerfestival bei den Ehrenfriedersdorfer Greifensteinen, *drittes Wochenende.*

Marktplatzfest in Oberwiesenthal mit Bergparade, *drittes Wochenende.*

Fest der Vogtländer, jedes Jahr in einem anderen Ort (Festumzug und Kulturprogramm), *ein Wochenende.*

September
Marktfest in Marienberg (mit Holzmarkt und viel Kultur), *erstes Wochenende.*

Gottfried-Silbermann-Tage in Freiberg, Frauenstein und anderen Orten alle zwei Jahre (großer internationaler Orgelwettbewerb, Ausstellung; 2001 und wieder 2003), *eine Woche in der ersten Monatshälfte.*

★ *Europäisches Blasmusikfest* verbunden mit dem Internationalen Musikfest des Bergmannblasorchesters in Schlema; Orchester aus ganz Europa, *drittes Wochenende.*

Dezember
Weihnachtsmärkte in den Städten *Freiberg, Plauen, Schneeberg, Schwarzenberg* und *Zwickau* dauern eine Woche oder auch länger; in kleinen Städten oft nur ein oder zwei Tage an einem *Wochenende.*

★ Weihnachtsmarkt in Johanngeorgenstadt, *3. Advent.*

Lichtelfest in Schneeberg (viele Veranstaltungen und große Bergparade), *2. Advent.*

Große Bergparade in Schwarzenberg, *Sa vor dem 3. Advent.*

Große Bergparade in Marienberg, *3. Advent.*

Große Jahresabschlussbergparade in Annaberg-Buchholz, *4. Advent.*

Weihnachtliches Turmsingen vom Turm der Kirche St. Wolfgang in Schneeberg am *1. Weihnachtsfeiertag um 4 Uhr;* Christmette eine Stunde später, *um 5 Uhr.*

OSTERZGEBIRGE

Wintersport- und Wanderparadies

Auf stillen Waldwegen zu Aussichtspunkten, Stauseen und Bergwerksanlagen

Wer sich in Freital-Hainsberg ins Bähnle setzt, für den wird schon ein Teil der Anreise zum Erlebnis: Über fast drei Dutzend Brücken und ohne Eile dampft Deutschlands dienstälteste Schmalspurbahn ins Osterzgebirge, das hier auf Höhen von 600 bis 900 m ansteigt. 600 km markierte Wanderwege schlängeln sich durch die Landschaft. Sie führen in dem Wintersport- und Wanderparadies zu großen und kleinen Sehenswürdigkeiten wie den Stauseen Gottleuba, Klingenberg, Lichtenberg, Lehnmühle und Malter. Zwei von ihnen, den Großen und den Kleinen Galgenteich, gibt es schon seit 1553. Beide gehören zu den zahlreichen historischen Bergbauanlagen..

ALTENBERG

(113/E 4) 1991 endete die über 550-jährige Bergbaugeschichte Altenbergs – der Zinnabbau musste aus Gründen der Rentabilität eingestellt werden. Zurück blieb der letzte Hunt, der heute als Denkmal vor dem Rathaus steht. Zu den traurigen Kapiteln der Stadtgeschichte gehören auch die letzten Tage des Zweiten Weltkrieges, in denen über die Hälfte aller Gebäude vernichtet wurde. In den Wintermonaten ist sich die alte, in eine sanfte Talmulde eingebettete Bergstadt

Handgefertigte Glocken aus Meißner Porzellan im Kurpark von Bärenfels

---

Hotel- und Restaurantpreise

Hotels
€€€: über 90 Euro
€€: 65 bis 90 Euro
€: unter 65 Euro

Preis pro Nacht für zwei Personen im Doppelzimmer mit Dusche/WC, Frühstück.

Restaurants
€€€: über 13 Euro
€€: 9 bis 13 Euro
€: unter 8 Euro

Preis für ein Hauptgericht ohne Vor- und Nachspeise und ohne Getränke.

MARCO POLO TIPPS FÜR DAS OSTERZGEBIRGE

1 Bob- und Rennschlittenbahn
Im Viererbob zu Tal sausen (Seite 27)

2 Burgruine Frauenstein
Herrlicher Blick vom Hauptturm »Dicker Merten« (Seite 28)

(3600 Ew.) des Interesses der Medien sicher: Die supermoderne Altenberger Bob- und Rennschlittenbahn ist Austragungsstätte internationaler Wettkämpfe.

BESICHTIGUNGEN

Kräuterlikörfabrik
Seit 1842 wird der Altenberger Gebirgsbitter hergestellt. *Führung mit Verkostung Do 15, 16 und 17 Uhr.* Sich nach dem überlieferten Rezept zu erkundigen ist zwecklos, das bleibt weiterhin das Geheimnis der Familie. *Verkauf Mo–Mi, Fr 8–17.30 Uhr, Do 8–18 Uhr, Sa 9–16 Uhr, Rathausstr. 27*

Pinge
1620 dachten die Altenberger, die Welt gehe unter. Mit lautem Getöse stürzte das durch den Bergbau unterhöhlte Gebiet am nördlichen Stadtrand ein. Der Krater mit seinen steilen, bis zu 90 m abfallenden Felswänden und einem Durchmesser von 450 m gilt als der größte seiner Art in Europa. Führungen ab Bahnhofsvorplatz: *April–Okt. Mi 13.30 Uhr*

MUSEUM

Bergbaumuseum
Zu sehen gibt es eine Ausstellung zum erzgebirgischen Zinnerzbergbau und die voll funktionsfähige Pochwäsche, die einst der Zinnerzaufbereitung diente. Unweit davon beginnen die Führungen (45 Min.) hinunter in den Neubeschert-Glück-Stollen. *Mo bis Do 13–16 Uhr, Sa, So, Feiertage 10–12, 13–16 Uhr, Mühlenstr. 2*

RESTAURANTS

Waldschänke Altes Raupennest
✿ Gemütlicher Baudenstil, in der Weihnachtszeit Hutzenabende. *Raupennestweg 5 (oberhalb des Skiliftes), Tel. 035056/323 03,* €

Zum Erzgebirge
Urgemütliche Gaststätte in zentraler Lage. Regionaltypische Gerichte. *Zinnerwalder Str. 1, Tel. 035056/322 54,* €€

ÜBERNACHTUNG

Ladenmühle
Ruhige, schöne Lage im 3 km entfernten Ortsteil Hirschsprung. *46 Zi., Bielatalstr. 8, Tel. 035056/34 50, Fax 34 52 91,* €€

Jugendherberge
⚥ Ein beliebtes Haus, sowohl bei Gruppen wie bei Einzelreisenden. *115 Betten, 7 Familienzimmer, Dresdner Str. 70, Tel. 035056/323 18, Fax 32 707,* €

OSTERZGEBIRGE

CAMPING

Camping Kleiner Galgenteich
Der höchstgelegene Platz Sachsens. *Ganzjährig geöffnet, Tel./Fax 035056/319 95*

SPIEL UND SPORT

Im Winter eine Gaudi für Mutige: Auf der 1413 m langen ★ Bob- und Rennschlittenbahn zu Tal rasen; die Bobs steuern erfahrene Piloten, allerdings nur zu bestimmten Terminen und mit Voranmeldung. *Auskunft: 035056/351 20.* ✝ Im Kleinen Galgenteich mit sehr sauberem Wasser bildet eine 50 m lange Wasserrutsche die Attraktion, auf dem Großen Galgenteich können Sie Ruderboote mieten. Im Sommer bietet die 1000 m lange Rodelbahn am Raupennesthang viel Spaß. Die Badelandschaft in der Rehaklinik »Raupennest« ist tgl. ab 12 Uhr öffentlich zugänglich. Vorhanden sind acht Becken mit der höchst angenehmen Wassertemperatur von 28–36 °C, Whirlpool, Sprudelbecken und mehr.

AUSKUNFT

Fremdenverkehrsamt
Platz des Bergmanns 2, 01773 Altenberg, Tel. 035056/333 41, Fax 333 66, E-Mail InfoAltenberg@t-online.de

ZIELE IN DER UMGEBUNG

Dippoldiswalde (113/D 3)
Eine der einst zahlreichen Gerbereien blieb erhalten, wurde restauriert und als Lohgerbermuseum eröffnet. *Mo–Fr 10–17 Uhr, Sa, So 13–17 Uhr, Freiberger Str. 18.* Wenn die Osterzgebirgler von »Dipps« sprechen, meinen sie die Stadt Dippoldiswalde (8400 Ew.).

Glashütte (113/E 3)
Die Stadt (3500 Ew.) gilt als die Wiege des deutschen Armbanduhrenbaus! Nach wie vor sind Glashütter Präzisionsuhren weltweit gefragt, die Wartezeit beträgt oftmals bis zu 2 Jahren. Im Schnitt müssen Sie rund 3000 Euro für eine Uhr auf den Ladentisch legen, es kann aber auch eine ganze Ecke mehr kosten: Das teuerste Stück ist mit 150 000 Euro im Katalog verzeichnet. Ausschließlich Glashütter Uhren und feinmechanische Geräte sind im *Uhrenmuseum, Altenberger Str. 1* zu sehen. *Di–Fr 10–12, 13–16 Uhr, Sa, So 10–16.30 Uhr*

Kurort Bärenfels (113/D 4)
Erzgebirgische Heimatlieder erklingen von März bis Nov. im Kurpark: Dort steht seit 1955 ein Meißner Glockenspiel, von Dez. bis Feb. sind Winter- und Weihnachtslieder zu hören. *Tgl. 9–12, 15–18 Uhr zu jeder vollen Stunde, Okt.–April bis 17 Uhr*

Schellerhau (113/D 4)
Die Dorfkirche von 1591–93 gehört wegen ihrer farbigen Ausmalung und der Ausstattung zu den schönsten im gesamten Erzgebirge. ✪ Stimmungsvoll sind Orgelvespern und zur Weihnachtszeit das Kurrendesingen. Seltene Bergpflanzen wachsen in dem 1906 angelegten *Botanischen Garten. Mai–Okt. Di–So 9–17 Uhr*

Weißeritztalbahn (113/D 2–4)
Mit der Höchstgeschwindigkeit von 30 km/h zuckelt die Kleinbahn, man nennt sie auch Osterzgebirgsbahn, in die Berge. Der Zug hält unter anderem in Malter, Dippoldiswalde und Schmiedeberg, Endhaltestelle ist

der Kopfbahnhof von Kurort Kipsdorf; dort bieten sich gute Möglichkeiten, die schwarzen Dampfrösser zu fotografieren.

Zinnwald-Georgenfeld (113/E 5)
Untertageführungen im Tiefen-Bünau-Stollen des Besucherbergwerks »Vereinigt Zwitterfeld zu Zinnwald« dauern etwa 1,5 Std.; Schutzbekleidung und Geleucht werden gestellt. *Di–So 10–15 Uhr, Goetheweg 8.* Das Naturschutzgebiet Georgenfelder Hochmoor, das sich über die Grenze nach Böhmen erstreckt, ist auf deutschem Gebiet auf einem etwa 1200 m langen Knüppeldamm begehbar. Eine Schwimmhalle mit 28 °C warmem Wasser bietet das *Hotel Lugsteinhof. 01773 Zinnwald-Georgenfeld. 75 Zi., Tel. 035056/36 50, Fax 365 55, €€*

FRAUENSTEIN

(112/C 4) Ein kleines, adrettes Städtchen (1200 Ew.) in landschaftlich schöner Lage. Weithin bekannt wurde es durch Gottfried Silbermann: Der berühmteste sächsische Orgelbaumeister kam im Haus Dorfstr. 4 (im Stadtteil Kleinbobritzsch) zur Welt, im Haus Hayngasse 102 verbrachte er seine Jugendjahre.

BESICHTIGUNG

Burgruine Frauenstein
★ ☽ Sachsens größte mittelalterliche Burgruine. »Dicker Merten« heißt der wuchtige Hauptturm im Volksmund. Zur Ruine wurde die einst bedeutende Grenzburg der Markgrafen zu Meißen beim großen Stadtbrand 1728. *Mai–Okt. tgl. 9–17 Uhr*

Burgruine Frauenstein

MUSEUM

Gottfried-Silbermann-Museum
Die einzige museale Gedenkstätte in Deutschland über einen Orgelbauer. Das wertvollste Stück seit 1994: ein Nachbau jener Orgel, die Silbermann für die Kirche im sächsischen Etzdorf fertigte und die sich seit 1939 in der Krypta des Bremer Doms befindet. *Mai–Okt. tgl. 9–17 Uhr, Nov.–April Mo–Fr 9–12, 13–16 Uhr, Sa, So ab 10 Uhr*

ÜBERNACHTUNG/RESTAURANTS

Am Rennberg
Einsam am Rand des kleinen Dorfes Schönfeld, 8 km östlich von Frauenstein, wird neben Behaglichkeit und Ruhe auch eine herrliche ☽ Aussicht geboten; Das Restaurant hat einen Wintergarten. *15 Zi., 01762 Schmiedeberg (Ortsteil Schönfeld) Tel. 035052/23 60, Fax 236 10, €*

Goldener Stern
Zentrale Lage, behagliches Restaurant. *26 Zi., Markt 22, Tel. 037326/12 21, Fax 94 03, €*

OSTERZGEBIRGE

AUSKUNFT

Fremdenverkehrsamt
09623 Frauenstein, Markt 28, Tel. 037326/93 35, Fax 83 819, E-Mail fva-frauenstein@frauenstein-erzgebirge.de

ZIELE IN DER UMGEBUNG

Dorfchemnitz (112/C 4–5)
Bis 1933 glühte das Schmiedefeuer in dem wasserradangetriebenen Hammerwerk des Dorfes. Die Hämmer haben ein Gewicht von 150 bzw. 300 kg. *Di–Sa 9–11, 13–15.30 Uhr, Mai–Okt auch So 13–16 Uhr. Jeden 1. So im Monat Schauschmieden Hauptstr. 21*

GEISING

(113/E 4) Die Menschen in dem Städtchen (1500 Ew.) lebten Jahrhunderte vom Bergbau, heute bestimmt der Tourismus das Geschehen. Geising ist eine planlos gewachsene Talsiedlung, was ihren besonderen Reiz ausmacht. Geschichte verkörpert der unter Denkmalschutz gestellte Stadtkern mit dem 500 Jahre alten Saitenmacherhaus.

BESICHTIGUNG

Wildpark Osterzgebirge
Hier kann der Besucher vor allem heimische Tiere wie Dam-, Muffel- und Rotwild aus allernächster Nähe beobachten. Im Ortsteil *Hartmannmühle, tgl. 10–18 Uhr, im Winter bis zum Einbruch der Dunkelheit*

ÜBERNACHTUNG/RESTAURANTS

Ratskeller
18 Zi. in zentraler Lage, Gaststube im regionalem Bergbaustil. *Hauptstr. 31, Tel. 035056/38 00, Fax 380 20, €*

SPIEL UND SPORT

Spaß und Action für die ganze Familie: Im umweltfreundlichen, unmotorisierten Gokart geht es im Sommer am Skilift den Abhang hinunter. Im neuen überdachten Gründelstadion lädt von Mitte Okt. bis März die Eisfläche zu Sportfreuden ein; 500 Paar Schlittschuhe stehen zum Ausleihen bereit. Und: Geising ist das erzgebirgische Zentrum von Curling.

AUSKUNFT

Fremdenverkehrsbüro
Hauptstr. 25, 01778 Geising, Tel. 035056/38 912, Fax 38 913, E-Mail information-geising@t-online.de

ZIELE IN DER UMGEBUNG

Geisingberg (113/E 4)
Von der Altenberger Pinge sind es etwa 45 Min. zu Fuß, die Wanderung lohnt: Der Aussichtsturm auf dem Berg (824 m) bietet ein wunderschöne Fernsicht. Stärken können Sie sich auf dem Gipfel in der *Geisingbergbaude, Tel. 035056/35 555, €.*

Lauenstein (113/E4)
Das Wahrzeichen des Städtchens (870 Ew.) ist der Falknerbrunnen (1912) auf dem Markt. Das Osterzgebirgsmuseum im reizvollen Schloss Lauenstein zeigt Interessantes über den Naturschutz sowie Ausstellungen zu den kursächsischen Postmeilensäulen und dem Erbauer der Dresdner Frauenkirche, George Bähr. *Di bis Fr 10–12, 13–16.30 Uhr, Sa, So 13–16 Uhr*

MITTLERES ERZGEBIRGE

Mit der Dampflok zum Fichtelberg

Die Heimat des bärbeißigen Nussknackers und filigraner Klöppelarbeiten

Ausgedehnte Waldgebiete auf den Hochflächen und tiefeingeschnittene Täler mit grünen Wiesen verführen regelrecht zu Spaziergängen und Wanderungen. Schaubergwerke gestatten Einblicke in das schwere Bergmannsleben unter Tage, Hammerwerke lassen erahnen, wie mühevoll früher Metalle verarbeitet wurden. Die Bergstädte Annaberg-Buchholz und Marienberg künden mit ihren prächtigen Sakral- und Bürgerbauten vom Wohlstand, den ihnen der sächsische Bergbau bescherte. Beeindruckend sind die wehrhaften Kirchen in vielen Dörfern, die den Menschen im Mittelalter in Kriegen oder bei Überfällen als Zufluchtsstätte dienten. Dörnthal, Großrückerswalde, Mauersberg und Lauterbach haben solche Kirchen. Die in Pfaffroda, Forchheim und Zöblitz zählen Silbermannorgeln zu ihren Schätzen. In vielen Orten zaubern wie vor Jahrhunderten Schnitzer und Drechsler aus dem Holz der Wälder kleine Kostbarkeiten, die zu Weihnachten die Region in eine lichterüberflutete Märchenlandschaft verwandeln. Durch die bewaldete Landschaft des oberen Erzgebirges zuckeln dampfend und stöhnend Schmalspurzüge, Oberwiesenthal am Fuße des Fichtelberges ist ihr Ziel, das bedeutendste Wintersportgebiet der Region. Frostfreie Tage gibt es in Oberwiesenthal im Durchschnitt nur 137, auf dem Fichtelberg sogar nur 117, das garantiert gute Wintersportbedingungen. Die Anlagen am Fichtelberg sind häufig Austragungsort internationaler Wettkämpfe.

ANNABERG-BUCHHOLZ

(117/D 1) Stadt des Silberbergbaus, der filigranen Spitzenklöppeleien und der Posamenten. Annaberg und Buchholz, seit 1945 vereint (29 500 Ew.), erstrecken sich mit ihren engen Gässchen beiderseits des Sehmatals. Die große wirtschaftliche Vergangenheit hat ehrwürdige Bauwerke hinterlassen, so die St.-Annen-Kirche, die größte und bedeutendste spätgo-

Ski und Rodel gut in Oberwiesenthal, dem beliebtesten Wintersportort im Erzgebirge

Das Sternengewölbe in der St.-Annen-Kirche in Annaberg-Buchholz

tische Hallenkirche Obersachsens. Wer pflastermüde ist, hat in wenigen Minuten die weiten Wälder in der nahen Umgebung erreicht, wo tief durchgeatmet werden kann. ❄ Die Ziele lassen sich am nördlichen Stadtrand gut vom 32 m hohen Aussichtsturm auf dem Pöhlberg abstecken, bekannt durch Basaltsäulen, deren charakteristische Form ihnen die volkstümliche Bezeichnung Butterfässer eintrug.

BESICHTIGUNGEN

Denkmal Friedrichs des Weisen

Eine Art Widerstandsdenkmal: Während des Ersten Weltkrieges sollte die Bronzestatue eingeschmolzen werden, der Stadtrat verweigerte die Herausgabe. Der Stadtgründer schaut in der Tracht der damaligen Zeit voller Würde auf den Rathausplatz im Stadtteil Buchholz.

Marktplatz

Häuser aus dem 18. und 19. Jh. mit meist steilen Satteldächern umgeben den 90 mal 100 m großen Platz. An der Nordseite steht beherrschend das Rathaus, das sein heutiges Aussehen 1751 bekam.

St.-Annen-Kirche

★ Ein Meisterwerk der spätgotischen Architektur! Die Innenausstattung der großen Hallenkirche (1499–1525) geizt nicht mit sakralen Kunstwerken. Sogar die Rückseite des Bergaltars ist inter-

MITTLERES ERZGEBIRGE

essant: Vier Bildtafeln von Hans Hesse schildern den mittelalterlichen Bergbau. *Große Kirchgasse*

MUSEEN

Adam-Ries-Museum
Wohn- und Schulgebäude des berühmten Rechenmeisters. Auf der Sonderbriefmarke der Bundespost zum 500. Geburtstag 1992 wurde dem Namen fälschlicherweise ein »e« (Riese) angehängt. *Di–So 10–17 Uhr, Johannisgasse 23*

Erzgebirgsmuseum mit Besucherbergwerk zum Größer
Das Museum zeigt Kunst aus der Zeit des Silberbergbaus und interessante Beispiele aus dem Posamentiergewerbe und dem Spitzenklöppeln. Das 500 Jahre alte Silberbergwerk wurde erst 1993 bei Probebohrungen in dem Museumshof entdeckt. Der Rundgang unter Tage hat eine Länge von etwa 260 m. *Große Kirchgasse 16, Di–So 10–17 Uhr*

RESTAURANTS

Erzhammer
Griene Glitscher (Kartoffelpuffer mit Apfelmus und Zucker), Griene Gließ mit Schwammebrieh (grüne Klöße in süßsauren Pilzen, im Tiegel serviert) und weitere erzgebirgische Spezialitäten. *Markt/Ecke Buchholzer Str., Tel. 03733/248 56, €€*

Ratskeller
Erzgebirgische Küche, die Spezialität des Küchenchefs sind Wildgerichte. *Markt 1, Tel. 03733/222 22, €€*

EINKAUFEN

Der Fußgängerboulevard vom Markt bis zum Theater lädt zum Bummeln. Erzgebirgische Volkskunst gibt es in großer Auswahl.

MARCO POLO TIPPS FÜR DAS MITTLERE ERZGEBIRGE

1 St.-Annen-Kirche
Ein Meisterwerk der spätgotischen Architektur in Annaberg-Buchholz (Seite 32)

2 Frohnauer Hammer
Blasebälge fauchen, und Eisenhämmer dröhnen (Seite 35)

3 Greifensteingebiet
Vielseitige Freizeitvergnügen: Baden, Segeln, Surfen, Wandern, Theaterbesuch und gutes Essen (Seite 36)

4 Fichtelbergbahn
Mit der Dampflok im Schmalspurzug zum Wintersportzentrum Oberwiesenthal (Seite 37)

5 Wintersportanlagen
Packende Skisprungwettkämpfe am Fuße des Fichtelberges (Seite 38)

6 Seiffen
Spielzeug, Spielzeug, Spielzeug: Hier werden Kinderträume wahr (Seite 39)

Die lange Schicht

Ein Denkmal in Ehrenfriedersdorf erinnert an die »lange Schicht« des Oswald Barthel, der im Jahre 1508 bei einem Bergwerksunglück am Sauberg verschüttet wurde. Genau 60 Jahre später fand man seinen unverwesten Leichnam. An der feierlichen Beisetzung nahmen Hunderte aus der Umgebung teil. Pfarrer Raute sagte in seiner Grabrede: »Heute begrab ich einen, der 35 Jahre vor meiner Geburt gestorben ist.« Um die »lange Schicht« ranken sich im Erzgebirge zahlreiche Legenden.

ÜBERNACHTUNG

Berghotel Pöhlberg
Etwa 2,5 km vom Zentrum entfernt in ruhiger Lage auf dem Pöhlberg (832 m). Restaurant mit erzgebirgischer Küche. *13 Zi., Tel. 03733/ 183 20, Fax 18 32 29,* €€

Goldene Sonne
Familiengeführtes Haus, nah beim Marktplatz. *26 Zi., Adam-Ries-Str. 11, Tel. 03733/422 06, Fax 221 83,* €€

Landhotel Sonnenhof
An einem Südhang mit Blick auf die Altstadt. Rustikal eingerichtetes Restaurant. *33 Zi., Am Sonnenhang 1, 09488 Schönfeld, Tel. 03733/50 90, Fax 50 91 00,* €

Traditionshotel Wilder Mann
71 gut ausgestattete Zimmer, Apartments sowie ein Restaurant mit regionaler Küche mitten im Zentrum. *Markt 13, Tel. 03733/ 14 40, Fax 14 41 00,* €€–€

SPIEL UND SPORT

Das Freibad *Am Stangenwald* (an der B 101) hat eine Wassertemperatur von mindestens 20 °C. Wem das zu kühl ist, der geht in das *Atlantis*. Es liegt an der B 95. Die Wassertemperatur liegt bei 30 °C., außerdem gibt es eine 53 m lange Wasserrutsche.

AM ABEND

Beliebt sind in der St.-Annen-Kirche die Sommermusiken *(Juni bis Sept. 14-täglich Mi 19.45 Uhr)* und die Adventsmusiken. Das *Eduard-von-Winterstein-Theater, Buchholzer Str. 67*, ist ein Mehrspartentheater. Informationen unter *Tel. 03733/ 140 71 30.* Disko Fr, Sa in der *Diskothek Marx, Straße der Einheit 17.* In einem alten Gewölbe entstand die urige Szenebierkneipe *rumpel de pumpel, Kleine Kirchgasse 1.*

AUSKUNFT

Tourist-Information
Rathaus (Eingang Wolkensteiner Straße), 09456 Annaberg-Buchholz, Tel. 03733/42 51 39, Fax 42 51 38, E-Mail info@annaberg-buchholz.de

ZIELE IN DER UMGEBUNG

Bärenstein (117/D 2)
Es ist nicht unbedingt erforderlich, die 100 Stufen im Aussichtsturm nach oben zu steigen. Vom Rundweg auf dem Gipfel des Bärensteins (898 m) können Sie bei guter Sicht den

MITTLERES ERZGEBIRGE

Fichtelberg, den Keilberg und das Greifensteingebiet erkennen. Das Restaurant des *Berghotels Bärenstein* bietet schmackhafte und preiswerte Küche. *20 Zi., 09471 Bärenstein, Tel./Fax 037347/13 34, €*

Drebach (111/E6)
Ein blauer Teppich wird jedes Jahr im März und April ausgebreitet: Tausende von Krokussen blühen auf den Wiesen nördlich des Dorfes, »Nackte Jungfern« genannt, da die Blüten ohne viel Grün aus dem Boden sprießen. Das Pflücken der Blumen ist verboten, die Wiesen sind als Flächennaturdenkmal geschützt.

Ehrenfriedersdorf (111/E6)
Nach über 700 Jahren endete 1990 der Zinnbergbau am Sauberg in Ehrenfriedersdorf (5800 Ew.). Die Zinngrube wurde Schaubergwerk, die Seilfahrt führt in 100 m Tiefe. *Führungen (2,5 Std., Mindestalter 10 Jahre) Di–Sa 9 und 13 Uhr.* Voranmeldung wird gewünscht. *Tel. 037341/25 57, Fax 50 159.* In dem angeschlossenen *Mineralogischen Museum* stehen Mineralien zum Kauf bereit, *tgl. 9–17, 13–16 Uhr.* Der sechsflügelige Schnitzaltar (1507) von Hans Witten in der St.-Niklaskirche wird von Kunstwissenschaftlern als der bedeutendste mittelalterliche Altar im Erzgebirge bezeichnet. Ein Haus zum Wohlfühlen: *Hotel Rübezahl. 41 Zi., Annaberger Str. 30, 09427 Ehrenfriedersdorf, Tel. 037341/140, Fax 141 41, €€*

Frohnau (117/D1)
★ Das *Technische Museum Frohnauer Hammer* gehört zu den Besuchermagneten im Erzgebirge. Wie in vergangenen Zeiten fauchen hier mächtige Blasebälge, drehen sich Wasserräder und pochen dröhnend die schweren

Im Technischen Museum Frohnauer Hammer, das alljährlich Tausende Besucher anzieht, kann man beim Schmieden zusehen

Eisenhämmer. Der größte von ihnen schlägt 20- bis 40-mal pro Minute. Dem Museum angeschlossen sind eine Volkskunstgalerie und das Herrenhaus mit der Wohnung der letzten Hammerherrn. *Führungen (60 Min.) tgl. 9–11.45 Uhr, 13–16 Uhr, Sehmatalstr. 3.* Im *Besucherbergwerk Markus Röhling Stolln* im Ortsteil Schönfeld fahren Sie fast 630 m mit der Grubenbahn in den Berg, die Temperatur beträgt sommers wie winters 8 bis 10 °C. Schutzhelm und Umhang werden gestellt. *Führungen (Dauer 1 Std.) tgl. 9–16 Uhr, Sehmatalstr. 15.* Zu den ==stimmungsvollsten Gaststätten== der Region gehört die im Herrenhaus des Frohnauer Hammers. *Sehmatalstr. 3, Tel. 03733/42 94 44, €€*

Geyer (111/E 6)
1803 stürzten letztmalig die riesigen Weitungen des Zinnbergwerkes am Geyersberg zusammen, zurück blieb ein 50 m tiefer Einbruchtrichter von 200 mal 250 m Größe, das Naturdenkmal Pinge. Lebensgefährlich kann es werden, wenn Sie die ausgeschilderten Wege verlassen! Der 42 m hohe Wachtturm vor der St.-Laurentius-Kirche beherbergt das *Heimatmuseum. Di–So 10–16 Uhr.* Das tgl. geöffnete Freizeitbad *Ana-Mare, Turmerstr. 82,* erfreut die Gäste mit Wellenbad, einem Wildwasserkanal und einer Saunalandschaft.

Greifensteingebiet (111/E 6)
★ Klettervergnügen bieten die Greifensteine, sieben stark zerklüftete Granitfelsen. Vom 30 m hohen Aussichtsfelsen besteht ein herrlicher Rundblick über das mittlere Erzgebirge. Rudern, segeln und surfen können Sie auf dem Greifenbachstauweiher, von den Einheimischen Geyerscher oder Großer Teich genannt. Der von Bergleuten vor Jahrhunderten angelegte Waldsee bietet auch Badevergnügen. Auf der ==Naturbühne== mit 1700 Plätzen gastiert in den Sommermonaten das Eduard-von-Winterstein-Theater aus Annaberg-Buchholz. Das *Bergbau- und Greifensteinmuseum* hat geöffnet: *Mai–Sept. Di–So 10–17 Uhr, Okt.–April Mi–So 10–17 Uhr, Greifenstr. 44.* Neben dem Museum weisen Schilder zur Stülpner-Höhle. Das Mundloch des alten Bergbaus soll dem erzgebirgischen Volkshelden eine Zeit lang als Unterschlupf gedient haben.

Scheibenberg (117/D 2)
»Orgelpfeifen« nennt der Volksmund die 40 m hohen Basaltsäulen des Scheibenberges (807 m) nahe der gleichnamigen Stadt (2500 Ew.). Vom 1994 wiedererrichteten 28 m hohen Aussichtsturm haben Sie einen

Fichtelberg – viele Wege führen ins weite Schneeparadies

MITTLERES ERZGEBIRGE

traumhaften Rundblick Angenehmen Aufenthalt bietet das *Hotel Sächsischer Hof* mit dem Restaurant *Salute*, in dem italienische Gerichte angeboten werden. *23 Zi., Markt 6, 09481 Scheibenberg, Tel. 037349/790 46, Fax 790 48, €€*

KURORT OBERWIESENTHAL

☛ **Stadtplan in der hinteren Umschlagklappe**

(117/D3) Deutschlands höchstgelegene Stadt (914 m) und zugleich beliebtestes Wintersportzentrum des Erzgebirges. Bereits 1911 fanden in Oberwiesenthal (3600 Ew.) am Fuße des Fichtelberges Deutsche Skimeisterschaften statt. Das Skigebiet reicht bis in den Ort hinein, sodass lange Wege wegfallen. Zum Fichtelberg schweben eine Kabinenbahn, die sich rühmen kann, die älteste in Deutschland zu sein, sowie seit 1999 ein Sessellift. Seit 1935 darf Oberwiesenthal den amtlichen Zusatz Kurort führen. Das Städtchen lässt sich am besten zu Fuß erkunden. Interessant ist ein Blick in die Aufzeichnungen der auf dem Fichtelberg tätigen Meteorologen: Die höchste bisher gemessene Lufttemperatur auf dem Berg betrug plus 30,6 °C (7.7.1957), die niedrigste minus 30,4 °C (9.2.1956), die größte Schneehöhe 335 cm (24. und 29.3.1944).

Zu einem Wallfahrtsort entwickelte sich das außerhalb des Zentrums gelegene Hotel des Oberwiesenthaler Ehrenbürgers Jens Weißflog. Der vom Skistar zum Hotelier avancierte Weißflog ist *der* Sympathie- und Werbeträger des Erzgebirges.

BESICHTIGUNGEN

Fichtelbergbahn

★ Eine Fahrt in einem der dampflokgezogenen Schmalspurzüge gehört zum Muss eines jeden Urlaubers im oberen Erzgebirge. Beliebtes Fotomotiv sind die Dampflokomotiven, die täglich bis zu 12-mal in den Bahnhof ein- und ausfahren. Der wohl beste Fotostandort befindet sich unterhalb des 110 m langen und 23 m hohen Viadukts unmittelbar vor dem Bahnhof. Von *Mi–So* führen einige Zugverbindungen einen bewirtschafteten Salonwagen mit 30 Plätzen. Platzbestellungen: *Bahnhof Oberwiesenthal, Tel. 037348/15 10*. Die Fichtelbergbahn verkehrt seit 1897 auf der 17,3 km langen Strecke Cranzahl–Oberwiesenthal.

Fichtelberg

Mit 1214 m der zweithöchste Berg des Erzgebirges. Am bequemsten ist der Gipfel mit der Fichtelberg-Schwebebahn oder dem Sessellift zu erreichen. Der 31 m hohe Aussichtsturm gehört zum neuen *Hotel Fichtelberghaus*. Während die Schwebebahn ganzjährig verkehrt, fährt der viersitzige Sessellift im Winter tgl. und in den übrigen Jahreszeiten, wenn in Sachsen Schulferien sind. Mitunter reichen die einzigartigen ❄ Fernsichten bis zum 180 km entfernten Inselsberg in Thüringen oder zur 200 km weit gelegenen Schneekoppe im Riesengebirge. Allerdings brauchen Sie hierfür auch etwas Glück, denn an durchschnittlich 290 Tagen im Jahr hüllt Nebel den Berg ein. Die meteorologische Station auf dem Berg nahm 1916 ihre Tätigkeit auf. Im bereits 1917 angelegten Gebirgsgarten wachsen alpine Pflanzen.

Schwebebahn
Die 1924 eröffnete Bahn benötigt für die 1175 m lange Strecke 3½ Min. Die Talstation befindet sich etwa 5 Min. Fußweg vom Bahnhof Oberwiesenthal entfernt, die Bergstation in 1214 m Höhe auf dem Fichtelberg. Die Bahn fährt *tgl. von 9 bis 12.20 Uhr und 13–17 Uhr alle 15 Min. Auskunft: Tel. 037348/ 12 770, Fax 12 777*

Wintersportanlagen
★ Packende Wettkämpfe gibt es in Oberwiesenthal in jedem Jahr. Ein Erlebnis ist es bereits, den Meistern von heute und morgen beim Trainingsflug von den Schanzen zuzuschauen. Die alte, 1938 eingeweihte Fichtelbergschanze lässt Weiten bis zu 85 m zu, die Springer kommen auf Geschwindigkeiten von 60 bis 70 km/h. Den internationalen Normen entspricht die 1974 eingeweihte neue Fichtelbergschanze, auf der Weiten um die 95 m erreicht werden. Die Anlaufgeschwindigkeit beträgt 90 km/h. Zum Schanzenkomplex gehören noch eine Kleinschanze und zwei Jugendschanzen. Das Langlauf-Skistadion befindet sich an der Zufahrtsstraße zum Fichtelberg, die Biathlonstrecken und der Schießplatz fügen sich in das Skistadion ein.

MUSEUM

Ski- und Heimatmuseum
Interessante Stücke aus der über 100-jährigen Wintersportgschichte am Fichtelberg, so auch die originale Skiausrüstung des dreifachen Olympiasiegers im Skisprung, Jens Weißflog. *Mo–Fr 14–17 Uhr, Sa, So 10–12, 14–17 Uhr, Karlsbader Str. 3*

RESTAURANTS/CAFÉ

Café-Konditorei Enderlein
Eine Konditorei mit Tradition. Seit 1855 entstehen hier die Köstlichkeiten. Besonders lecker: Die mit Waldbeeren gefüllte Fichtelbergtorte *Karlsbader Str. 4, Tel. 037348/82 81*

Central
Der schmackhafteste Sauerbraten weit und breit. *Schulstr. 3, Tel. 037348/84 04, €*

Gasthaus Riedel
Ein typischer Landgasthof. Regionale Folklore pur bietet der alle zwei Wochen stattfindende Hutzenabend. *Annaberger Str. 81 Tel. 037348/72 25, €€*

ÜBERNACHTUNG

Jens Weißflog Appartementhotel
Das Haus des Olympiasiegers und Weltmeisters liegt ruhig, etwa 2 km vom Stadtzentrum entfernt. 16 Apartments (für 2–6 Pers.). *Emil-Riedel-Str. 50, Tel. 037348/100, Fax 101 00, €€*

Panorama-Ringhotel
Gesundheits- und Sporthotel mit Schwimmbad, Sauna, Minigolfanlage sowie Gesundheitszentrum. *124 Zi., Viererstr. 11, Tel. 037348/780, Fax 781 00, €€€*

Rotgiesserhaus
Historisches Hotel in zentraler, ruhiger Lage. *22 Zi., Böhmische Str. 8, Tel. 037348/13 10, Fax 131 30, €€*

MITTLERES ERZGEBIRGE

Vier Jahreszeiten
Die bis zu 46 m² großen Zimmer verfügen über Schlaf- und Wohnbereich. Whirlpool, Saunalandschaft und Solarium sind auch vorhanden. *100 Zi., Annaberger Str. 83, Tel. 037348/180, Fax 73 26,* €€€

SPIEL UND SPORT

Das erwartet den Wintersportler: zehn als leicht, mittelschwer und schwer klassifizierte Pisten mit einer Gesamtlänge von 18 km, ein Fluchtlichthang, ein gespurtes, auch grenzüberschreitendes Langlauf- und Loipennetz von 70 km, 2 Sessel- und 4 Schlepplifte. Auf tschechischer Seite in Boži Dar (Gottesgab) stehen dem Wintersportler eine große Anzahl an Pisten verschiedener Schwierigkeitsgrade zur Verfügung. Die erste Schneedecke bildet sich auf dem Fichtelberg meist Mitte Okt., oft schmilzt sie erst Mitte April. Nach den Skistöcken kommen die Wanderstöcke zu Ehren: Fast 60 km lang sind die ausgeschilderten Wanderwege, die in die Umgebung führen. Auf der 525 m langen Sommerrodelbahn können Sie durch 9 Steilkurven zu Tal jagen, *10–17 Uhr (bei Nässe nicht).* In der Tennishalle finden Sie eine Jet-Golf-Anlage. Bowling und Kegelbahnen sind auch vorhanden. Die Schwimmhalle des *Hotels Am Fichtelberg* ist öffentlich.

AUSKUNFT

Tourist-Information
Bahnhofstr. 7, 09484 Kurort Oberwiesenthal, Tel. 037348/128 55, Fax 128 57, E-Mail touristinfo@oberwiesenthal.de

KURORT SEIFFEN

★ **(112/C 6)** Das Spielzeugmacherdorf des Erzgebirges. In Seiffen (3000 Ew.) riecht es das ganze Jahr über nach Holz, Leim und Farbe. Zehntausende von Pyramiden, Schwibbögen und Lichterengeln sowie Räuchermännchen in jeder nur denkbaren Gestalt verlassen jährlich die mehr als 100 kleinen Werkstätten. Allein über 50 000 Nussknacker tragen jedes Jahr den Namen Seiffen in alle Welt. Nur hier im Tal des Seiffenbaches ist das interessante Reifendrehen beheimatet. Seiffen, mit seiner langen Tradition im Schnitzen und Drechseln, prägt wesentlich das Bild vom »Weihnachtsland Erzgebirge«.

BESICHTIGUNGEN

Beim Bergmeister
Mechanischer Heimatberg in einem Bergmannswohnhaus von 1750, der die Arbeitsweise der Bergleute um 1830 darstellt und in 1800 Arbeitsstunden gebaut wurde. 88 Figuren bewegen sich. *Tgl. 10–17 Uhr, Hauptstr. 63*

Bergkirche
Achteckiger Rundbau (1776–79), für den als Vorbild die im Zweiten Weltkrieg zerstörte Dresdner Frauenkirche diente. In den Sommermonaten finden *Orgelkonzerte* statt.

Historischer Bergbausteig
Lehrpfad mit 20 Stationen, an denen es Schilder mit genauer Beschreibung gibt. Er beginnt oberhalb der Kirche an der Deutschneudorfer Straße, in der Nähe endet er auch. Die Wanderung dauert etwa 90 Min. Eine

Beschreibung mit Wegeskizze gibt es in der Tourist-Information.

MUSEEN

Erzgebirgisches Freilichtmuseum
Im noch funktionstüchtigen Wasserkraft-Drehwerk (1758 bis 1760) bekommen Sie die Kunst des Reifendrehens gezeigt, in weiteren Häusern ist zu sehen, wie Stellmacher, Spankorbhersteller und andere Handwerker früher lebten und arbeiteten. *Tgl. 9–17 Uhr, Nov.– März witterungsbedingt 9–16 Uhr, Hauptstr. 203*

Erzgebirgisches Spielzeugmuseum
Pyramiden, Leuchter, Schwibbögen, Räuchermännchen und Nussknacker von einst und jetzt, hinzu kommt eine reichhaltige Kollektion an Erzeugnissen der Reifendreherei. *Tgl. 9–17 Uhr, Dez. bis Jan. große Weihnachtssonderschau, Hauptstr. 73*

RESTAURANTS

Die Insel
Erzgebirgische Küche und Blick in das Erlebnisbad. *Hauptstr. 156 (im Erlebnisbad Seiffen), Tel. 037362/875 54*, €€

Zur Binge
Rustikales Restaurant, in dem auch die einfachen Gerichte der regionalen Küche probiert werden können. Dazu gehören beispielsweise Kartoffeln mit Sahnequark, Leinöl oder hausgemachte Leberwurst. *Deutschneudorfer Str. 1, Tel. 037362/760 33*, €

EINKAUFEN

In zahlreichen Spielzeugmacher-Werkstätten können Sie von Mo bis Fr Drechslern, Schnitzern und Malerinnen zuschauen und auch deren Kunstgegenstände kaufen. Empfehlenswert ist das *Geschenkhaus* hinter dem Spielzeugmuseum. Zum *Spielzeugland*, dem ältesten Spielwarengeschäft Seiffens, gehört ein kleines Museum, gezeigt wird eine Sammlung aus dem 1866 gegründeten Verlagsgeschäft Max Hetze. *Tgl. 10–17 Uhr, Hauptstr. 40*

ÜBERNACHTUNG

Best Western Hotel Wettiner Höhe
Ein Hotel, in dem die Aufforderung, »die Seele baumeln zu lassen«, nicht überzogen wirkt. Wellnessbereich zum Entspannen. *66 Zi., Jahnstr. 23, Tel. 037362/14 00, Fax 141 40,* €€

Landgasthof zu Heidelberg
In ruhiger Ortsrandlage sorgt sich Familie Krallert um ihre Gäste. *28 Zi., Hauptstr. 196, Tel. 037362/83 22, Fax 72 01,* €€

Nussknackerbaude
Idyllisch und ruhig gelegen, gute Küche, Whirlpool, Sauna, Kegelbahn. *33 Zi., Nussknackerstr. 20, Tel. 037362/790, Fax 79 179,* €

Zum Alten Bergmannshaus
Familienfreundliche Pension im originalgetreu wieder aufgebauten Bergmannshaus, Sauna, Solarium, kleines Schwimmbad. *7 Zi., Hauptstr. 42, Tel./Fax 037362/82 17,* €

CAMPING

Ferienpark Seiffen
Auf dem großen, 9,5 ha großen Areal ist Platz für 500 Gäste, neben 18-Bahnen-Minigolf- sowie

MITTLERES ERZGEBIRGE

Dart- und Billardanlagen sind ein Restaurant, ein Café und eine Sauna vorhanden. 18 Ferienwohnungen und Bungalows werden vermietet. *Ganzjährig geöffnet, Deutschneudorfer Str. 57, Tel. 037362/150, Fax 15 36*

SPIEL UND SPORT

Das *Erlebnisbad Seiffen, Hauptstr. 156,* bietet tgl. Spaß für alle. Wenn es das Wetter zuläßt, können Sie auf der 733 m langen Sommerrodelbahn durch neun Kurven den Berg hinabfahren. *Im Sommer tgl., im Winter witterungsabhängig geöffnet.*

AUSKUNFT

Tourist-Information
Hauptstr. 156, 09548 Kurort Seiffen, Tel. 037362/84 36, Fax 767 15, E-Mail fv-amt.seiffen@t-online.de

ZIELE IN DER UMGEBUNG

Neuhausen (112/C 5)
Die heute vergessene Glaserzeugung des Erzgebirges konzentrierte sich einst in der Region zwischen Neuhausen und Seiffen. Im *Glashüttenmuseum,* eingerichtet in der ehemaligen Fronfeste des 1289 erstmals urkundlich erwähnten Schlosses Purschenstein, wird daran erinnert. *Mi–So 10–12, 13–17 Uhr.* Im Nussknacker-Museum ist der mit 587 cm angeblich größte funktionstüchtige Nussknacker der Welt zu sehen. Der kleinste ausgestellte misst lediglich 11,5 Millimeter. Er ist voll funktionsfähig, besitzt aber dennoch nur Schauwert: Es fehlt an Nüssen dieser Größe. *Mo–Fr 9–18 Uhr, Sa, So bis 17 Uhr, Bahnhofstr. 20*

Olbernhau (112/B 6)
Auf dem größten der drei Zentner schweren Hämmer der Saigerhütte Grünthal soll sich 1711 Russlands Zar Peter I. bei einem Ritt vergnügt haben. Mit 22 historischen Bauten ist die 1537 gegründete Saigerhütte das einzig erhaltene Bauensemble der Buntmetallurgie in Europa. Grünthaler Dachkupfer ziert weit über 400 Profan- und Sakralbauten in mehreren Ländern, darunter die Dächer der Dome in Wien, Krakau und Magdeburg. Im *Seifert-Häuschen* ist die Lebensweise der Hüttenarbeiter zu sehen, im Herrenhaus sind Schauwerkstätten, u.a. für Drechseln und Klöppeln, vorhanden. *Di–Fr 10–12, 13–16 Uhr, Sa, So 13–17 Uhr.* Im Kupferhammer wird die Arbeit an den Hämmern vorgeführt. *März–Okt. Führungen Di–So 9.30–11.30 Uhr, 13–16 Uhr.*

Ebenfalls auf dem Terrain, in den Fachwerkbauten *Hüttenschänke* und *Haus des Anrichters,* entstand das Hotel Saigerhütte mit 31 Zi. und einem gemütlichen Restaurant. *09526 Olbernhau, Tel. 037360/78 70, Fax 787 50, €€*

»Stadt der sieben Täler« wird Olbernhau (12 200 Ew.) wegen seiner reizvollen Seitentäler oft genannt. Themen der Ausstellung im Museum *Haus der Heimat* sind die Stadtgeschichte, das regionale Handwerk und die erzgebirgische Volkskunst. *Di–Do 10.30–16 Uhr, Sa, So 12–16 Uhr, Markt 7*

Schwartenberg (112/C 6)
❋ Der Schwartenberg, durch seine kahle Kuppe einer der markantesten Berge (787 m) des Erzgebirges, wird von den Einheimischen »de Schwart« genannt. Kein Baum versperrt den Blick.

Durst und Hunger stillt die *Gaststätte Schwartenbergbaude. Tel. 037361/456 86,* €

MARIENBERG

(112/A 6) Eine auf dem Reißbrett ab 1521 konzipierte Stadt: In der Mitte der quadratische Marktplatz von 130 mal 130 m, von dem an jeder Seite drei gleich breite und gleich lange Straßen abzweigen. Die symmetrische Stadtanlage von Marienberg (12 900 Ew.) gilt als städtebauliche Kostbarkeit. Ausgangspunkt für die Stadtgründung war der Bergbau, der nach 435 Jahren 1954 endete. An der B 171 in Richtung Zöblitz wurde links ein Gedenkstein an jener Stelle aufgestellt, an der der erste Stollen in den Berg führte. Auf dem Marienberger Hausberg, der Drei-Brüder-Höhe, ermöglicht der 1994 eingeweihte 24 m hohe Aussichtsturm einen ausgezeichneten Rundblick.

BESICHTIGUNGEN

Marktplatz
Der größte Marktplatz in Sachsen. Auf dem von Linden umsäumten Platz steht das überlebensgroße Bronzestandbild (1900) des Stadtgründers Herzog Heinrichs des Frommen (1473 bis 1541). Die Bibel zu seinen Füßen soll an die von ihm 1539 in Sachsen eingeführte Reformation erinnern. Das Rathaus ziert ein künstlerisch bedeutendes Rundbogenportal von 1539. Aufwändig verzierte Portale besitzen auch die Häuser Nr. 5, 6 und 14.

Stadtkirche St. Marien
Der prachtvolle Bau ist die jüngste der großen Hallenkirchen im gesamten obersächsischen Gebiet (1558–64). Pate standen die Stadtkirchen von Annaberg und Pirna. Die Orgel mit 3157 Pfeifen und 51 Registern ist die größte im Erzgebirge, Konzerte auf ihr sind ein Genuss. *Marienstraße*

MUSEUM

Stadt- und Heimatmuseum im Zschopauer Tor
Mechanische Heimatberge, viel Schnitz- und Klöppelkunst und Gegenstände aus dem Besitz des erzgebirgischen Robin Hoods, Karl Stülpner. *Di–So 10–17 Uhr, Zschopauer Straße*

RESTAURANTS

Rosstunnel
Wer das Rustikale liebt, fühlt sich in dem alten Gewölbe garantiert wohl. *Annaberger Str. 12 (im Hotel Weißes Roß), Tel. 03735/680 00,* €

Zum Alten Stadttor
Deutsche Küche, Radeberger Pils. *Zschopauer Straße 15, Tel. 03735/621 20,* € €

EINKAUFEN

Groß ist die Auswahl an regionalem Kunsthandwerk im *Kunststübl* des Erzgebirgischen Genossenschaftszentrums, *Markt 6,* sowie in der *Sächsischen Kunststube, Markt 12.* Drechslermeister Matthias Reichel verkauft seine Erzeugnisse in der *Erzgebirgischen Drechselstube, Freiberger Str. 8.* In der Werkstatt, *Hüttengrund 10,* darf zugeschaut werden, Anmeldung unter *Tel. 03735/228 87.* Erzgebirgische Trachten mit Klöppelspitze schneidert *Klaus-Jürgen Seiler, Baderstr. 5.*

MITTLERES ERZGEBIRGE

ÜBERNACHTUNG

Berghotel Drei Brüder Höhe
Mitten im Wald in ruhiger Lage, nördlich der B 171 in Richtung Wolkenstein (Hinweisschild an der Straße). *40 Zi., Tel. 03735/ 60 00, Fax 600 50, €*

Weißes Roß
Liebevoll restauriertes Haus im Stadtzentrum mit Sauna und Dampfbad. *49 Zi., Annaberger Str. 12, Tel. 03735/680 00, Fax 68 00 77, €*

SPIEL UND SPORT

Wellenbecken mit Strömungskanal und Riesenrutsche im Erlebnisbad *Aqua Marien. Tgl. geöffnet, Am Lautengrund 5*

AUSKUNFT

Fremdenverkehrsamt
Am Frischen Brunnen 1, 09496 Marienberg, Tel. 03735/905 14, Fax 905 65, E-Mail post@bergstadt-marienberg.de

ZIELE IN DER UMGEBUNG

Großolbersdorf (111/F 5)
Frische Blumen schmücken meist das Grab des legendären 1841 verstorbenen erzgebirgischen Volkshelden Karl Stülpner. Gegenüber der Kirche lädt in einem Fachwerkhaus das gemütliche *Gasthaus Zur Linde* zur Rast. Beim Essen sowie den Bieren und Weinen wird auf die Region gesetzt. *Tel. 037369/93 €€*

Grünhainichen (112/A 5)
Zu den regionalen Handwerkstraditionen in dem Dorf gehörte das Spanziehen, das 1729 erstmals urkundlich erwähnt wird. Von frischen Buchenklötzern wurden dünne bis zu 30 cm breite und einen Meter lange Späne gezogen, aus denen in Handarbeit Spandosen hergestellt wurden. Die Späne kamen aus der Engerschen Spanziehmühle (17. Jh.), die als einzigartiges technisches Denkmal in ihrer ursprünglichen Form erhalten geblieben ist. *Di–Fr 11.30–15, 17–23 Uhr, Sa 11.30–22, So bis 23 Uhr, Mühlenstr. 36.* Im ersten Stock der Mühle befindet sich die winzige *Gaststätte Schachtelstübchen.*

Lauterbach (112/A 6)
Die Wehrkirche, eine der besonders schönen in Sachsen, wäre fast abhanden gekommen. 1905 sollte sie wegen Baufälligkeit abgerissen werden. Nach Protesten wurde sie abgetragen und auf dem neuen Friedhof originalgetreu wieder errichtet. Nur das Schindeldach musste einem aus Schiefer weichen, und der 18,5 m hohe Wehrgang ist seitdem überwiegend holzverkleidet.

Lengefeld (112/A 5)
Das älteste und besterhaltene Kalkwerk im Erzgebirge, das noch produziert. Zum *Technischen Museum* gehören u. a. vier bis 1975 in Betrieb gewesene pyramidenförmige Brennöfen aus dem 19. Jh. *April–Okt. Di–So 9–17 Uhr, Nov.–März Fr–So 10–16 Uhr.* In den feuchten Bergwerksstollen waren noch in den letzten Tagen des Zweiten Weltkrieges weltberühmte Bilder der Dresdner Gemäldegalerie eingelagert, um sie vor der Vernichtung zu bewahren. Von Lengefeld aus wurden sie als Siegesbeute in die Sowjetunion verbracht, die sie 1956 der DDR zurückgab.

Am Waldrand liegt das im Bergbaustil eingerichtete, familiengeführte *Hotel Waldesruh. 23 Zi., Obervorwerk Nr. 1–3, 09514 Lengefeld, Tel. 037367/30 90, Fax 30 92 52, €€*

Mauersberg (117/E 1)

Gewürdigt werden im *Museum* die beiden großen Söhne des Ortes: der Dresdner Kreuzkantor Prof. Rudolf Mauersberger (1889 bis 1971) und sein jüngerer Bruder, der Leipziger Thomaskantor Prof. Erhard Mauersberger (1903 bis 1982). Zu sehen sind zahlreiche Volkskunsterzeugnisse. *Di bis So 10–17 Uhr, Hauptstr. 22.* Eine Kostbarkeit stellt die Kreuzkapelle (1953) auf dem Friedhof dar. Sie entstand in Anlehnung an die 1889 abgebrochene alte Kapelle; das Geld hierfür stiftete Rudolf Mauersberger.

Pockau (112/A 5)

Nur eine wasserradangetriebene Ölmühle soll es in Europa noch geben: Sie steht in Pockau und wurde als Museum umgebaut. Gewonnen wurde in der Mühle vor allem Leinöl, »die Butter des armen Mannes«, wie es im Erzgebirge heißt. *Mitte Mai–Mitte Okt. Mi 15–16 Uhr, Sa 9–11, 14 bis 16 Uhr, Mühlenweg 8*

Pobershau (112/A 6)

Um 1525 trieben Bergleute den Stollen in den Berg, der als Schaubergwerk »Tiefer Molchner Stolln« seit Jahrzehnten Besucher nach Pobershau lockt. *Führungen (45 Min.) tgl. 9–16 Uhr, Amtsseite Dorfstr. 67.* Etwa 70 m über der Schwarzen Pockau erhebt sich der imposante Katzenstein, ein beliebter Aussichtsfelsen für Rundblicke. Im Ortsteil Hinterer Grund wartet das *Hotel Schwarzbeerschänke* mit einer im Regionalstil eingerichteten Gaststätte, Hallenbad und *17 Zi., Hinterer Grund 2, 09496 Pobershau, Tel. 03735/ 919 10, Fax 919 99, €€–€*

Scharfenstein (111/F 5)

Zu den besonders schönen Burgen Sachsens gehört die von Scharfenstein, dem Geburts- und Sterbeort Karl Stülpners. Der »Sohn der Wälder« hatte das Bauwerk hoch über dem Zschopautal 1795 belagert. In der 700 Jahre alten Burg sind u. a. der 17 m hohe Bergfried, eine große Freiterrasse und das Tonnengewölbe im Keller zugänglich. Im Wohnflügel wird auf zwei Etagen unter dem Motto »Die Sehnsucht nach dem Licht« ein Querschnitt durch die Geschichte der erzgebirgischen Volkskunst gegeben. Schöner Verkaufsstand. *April–Okt. Di–So 9–18 Uhr, Nov. bis März Di–So 10–17 Uhr.* Stülpners Sterbehaus trägt eine Gedenktafel. *Karl-Stülpner-Weg 12*

Wolkenstein (111/F 6)

In ungewöhnlicher Lage, nämlich auf einem Felsmassiv 70 m über dem Zschopautal, wurde das Städtchen Wolkenstein (1700 Ew.) errichtet. Das Wolkensteiner Schloss hat dem berühmten Maler der Romantik Ludwig Richter so gefallen, dass er es bei seiner Erzgebirgswanderung um 1825 auf seinem Zeichenblock festhielt. Die Arbeit besitzt das Heimatmuseum im Wolkensteiner Schloss. *April–Nov. Di–So 10–17 Uhr, Dez. bis März Sa, So 10–17 Uhr.* Goethe, der zwischen 1785 und 1813 das Erzgebirge mehrmals besuchte, äußerte:

MITTLERES ERZGEBIRGE

Zschopau – Schloss Wildeck mit dem »Dicken Heinrich«

»Das Tal der Zschopau zwischen Wolkenstein und Kriebstein ist eine der schönsten Landschaften in Deutschland, die ich kennen gelernt habe.« Wolkensteiner Schweiz wird das reizvolle Gebiet etwa 1 km nördlich der Kleinstadt genannt. Ein guter Aussichtspunkt ist die Anton-Günther-Höhe, zu erreichen vom Wolkensteiner Marktplatz durch das Rathaustor über die Heidelbachstraße. Eine Stärkung gibt es im *Ratskeller* am Markt, *Tel. 037369/97 07, €*.

Zöblitz (112/A 6)
Für technisch Interessierte: Die letzte handwerkliche Serpentindrechslerwerkstatt kam nach dem Tod des Meisters ins *Heimatmuseum* nach Zöblitz. *Mo–Do 9–15.30 Uhr, Bahnhofstr. 1*. Der meist schwarzgrüne Serpentinstein lässt sich drechseln, bohren und fräsen, ein besonders schönes Stück stellt der Taufstein (1616) in der Zöblitzer Kirche dar, in der zu gegebenen Anlässen eine Silbermannorgel erklingt.

Zschopau (111/F 5)
Schloss Wildeck nutzten die sächsischen Kurfürsten als Jagdschloss. Auf das Aussichtsplateau des mächtigen Rundturms führen 144 Stufen. Wegen seiner 4 m starken Mauern heißt er der Dicke Heinrich. Im Schloss sind Ausstellungen zur Geschichte der Stadt und der Motorenwerke zu sehen, es gibt eine Münzwerkstatt und eine Buchbinderei. *Mo–Sa 10–17 Uhr, So, Feiertage 13–17 Uhr*. Im *Uhrenturm* des Rathauses der Stadt (11 400 Ew.) erklingt zu unterschiedlichen Zeiten ein Glockenspiel aus Meißner Porzellan. In den Dreißigerjahren des 20. Jhs. produzierten die Zschopauer Motorradwerke weltweit die meisten Motorräder, nach der Demontage durch die sowjetische Besatzungsmacht entstand zu DDR-Zeiten das MZ-Motorradwerk.

WESTERZGEBIRGE

Spannende Erlebnisse unter Tage

Schaubergwerke mit kilometerlangen dunklen Stollen geben Einblick in bergbauliche Traditionen

Tagelang können Sie auf den Spuren historischer Bergbautraditionen wandern – im westlichen Erzgebirge finden Sie die Reste einst florierender Bergwerke in besonderer Dichte. Nicht wenige der Schächte stehen Besuchern offen und bieten oft kribbelnde Erlebnisse. In Pöhla beispielsweise wird eine 3 km lange untertägige Zugfahrt angeboten, die zu den größten Zinnkammern Europas führt. Wem das nicht ganz geheuer ist, der sollte Waschleite als Ziel wählen, dort geht es nur 250 Stufen unter Tage. Wieder am Tageslicht, bieten sich die typischen bewaldeten Bergrücken zum Wandern an. Oder Sie schauen in die aufschlussreichen Museen der alten Bergstädte Schneeberg, Schwarzenberg und Aue, um zu entdecken, was die Bergleute in ihrer Freizeit an wunderschönen Gegenständen schnitzten.

Heimatberg im Museum für bergmännische Volkskunst in Schneeberg

JOHANNGEORGENSTADT

(**116/B 3**) Das aus sieben Stadtteilen bestehendes Städtchen (7300 Ew.), benannt nach Kurfürst Johann Georg I. Johanngeorgenstadt war bis zum Zweiten Weltkrieg ein anerkannter Wintersport- und Ferienort. Diesen Ruf wiederzuerlangen, bemüht sich die Stadt seit der Einheit Deutschlands mit Erfolg. 1929 entstand hier die erste deutsche Großschanze, die 1962 durch die Erzgebirgsschanze ersetzt wurde. Zur Tschechischen Republik besteht ein Grenzübergang für Fußgänger und Radfahrer sowie einer für die Eisenbahn.

BESICHTIGUNGEN

Historischer Pferdegöpel
Ein bergbautechnisches Denkmal: Zwölfmal mussten zwei Pferde eine 8,5 m hohe Spindel um ihre Achse drehen, um 0,5 t Gestein aus 140 m Tiefe zu fördern. Der 1798 erbaute und

1948 abgerissene Pferdegöpel der Neu-Leipziger-Glück-Fundgrube wurde 1992/93 rekonstruiert. *Führungen Di–So 10, 11, 13, 14, 15 und 16 Uhr, davon mit Pferden 13–16 Uhr (außer Fr), Schwefelwerkstraße/Ecke Auenstraße*

Naturschutzgebiet Kleiner Kranichsee
29 ha großes Hochmoor 2 km südwestlich der Stadt, das schon 1928 zum Naturschutzgebiet erklärt wurde. Über das Moor, durch das die Landesgrenze zur Tschechischen Republik verläuft, führt ein Knüppeldamm, der an einem hölzernen Aussichtsturm endet. Moore sind für ihre Heimtücke bekannt, verlassen Sie deshalb nicht den Knüppeldamm!

Schaubergwerk Glöck'l
Im Dachreiter der Kaue des Unverhofft-Glück-Schachtes (1671 bis 1958) hängt eine geschnitzte Glocke. Sie verhalf dem heutigen Schaubergwerk zu seinem Namen. Zu ebener Erde führt der Weg in den 200 m langen Stollen. *Di–Fr Führungen 9, 10, 11, 13, 14, 15 Uhr, Sa, So, Feiertag ab 10 Uhr, Wittigsthaler Straße*

RESTAURANTS/ÜBERNACHTUNG

Erzgebirgshotel An der Kammloipe
Ruhige Lage, gemütliche Gaststube, Sauna und Liegewiese. *23 Zi., Schwefelwerkstr. 28, Tel./Fax 03773/88 29 59,* €

Steinbach
Gemütliches Haus, in der Gaststätte schmecken die Gerichte der erzgebirgisch-vogtländischen Küche. *15 Zi., Steinbach Nr. 22, Tel./Fax 03773/88 22 28,* €

Waldesruh
Futtern wie bei Muttern. *14 Zi., besonders preiswert sind die mit Dusche/WC auf der Etage. Steinbach 28, Tel. 03773/88 27 14,* €

SPIEL UND SPORT

In Johanngeorgenstadt beginnt bzw. endet die 36 km lange, mit blauen Schildern markierte Kammloipe. Sie ist die längste, schönste und schneesicherste Loipe in Sachsen. Dazu kommen weitere 30 km Loipen in der Umgebung sowie ein Skilift und das Natureisstadion. Im Sommer bieten das *Naturbad Am Schwefelbach* und Tennisplätze sportliches Vergnügen. Auf die 30 m hohen Teufelssteine im Steinbachthal führen acht Kletterwege, die jedoch nur Bergsteiger bezwingen sollten. Der 6 km lange Bergbaulehrpfad beginnt am Bahnhof und endet am Pferdegöpel.

AUSKUNFT

Fremdenverkehrsamt
Eibenstocker Str. 67, 08349 Johanngeorgenstadt, Tel. 03773/88 82 22, Fax 88 82 80

ZIELE IN DER UMGEBUNG

Auersberg (116/B 3)
★ ❄ Mit 1019 m der zweithöchste Berg des sächsischen Erzgebirges; schneesicheres Wintersportgebiet. Vom Aussichtsturm auf dem mit Fichten bewaldeten Berg haben Sie bei schönem Wetter einen herrlichen Rundblick. Im *Berggasthof Auersberg* warten ein Restaurant auf hungrige und durstige und 12 Zi. auf müde Gäste. *08309 Wildenthal, Tel. 037752/ 50 90, Fax 50 91 15,* €

WESTERZGEBIRGE

MARCO POLO TIPPS FÜR DAS WESTERZGEBIRGE

1 Auersberg
Einzigartiger Rundblick vom zweithöchsten Berg des sächsischen Erzgebirges (Seite 48)

2 Volkskunstmuseum Schneeberg
Wunderschöne Schnitzereien, Klöppelarbeiten, mechanische Heimatberge (Seite 51)

3 Besucherbergwerk Pöhla
Mit dem Zug zu Europas größten Zinnkammern (Seite 56)

4 Waschleithe
Das Erzgebirge in Miniaturausgabe und das Schaubergwerk Herkules-Frisch-Glück (Seite 56)

Carlsfeld (116/A 3)
Der westlichste Ferienort des Erzgebirges unweit der Trinkwassertalsperre Weiterswiese. Die 1684 bis 1688 erbaute barocke Dreifaltigkeitskirche gilt als älteste Rundkirche Sachsens. 2,5 km von Carlsfeld entfernt, erstreckt sich das unter Naturschutz stehende 37 ha umfassende Hochmoor Großer Kranichsee mit Moortümpeln; der größere Teil liegt auf tschechischem Gebiet.

Eibenstock (116/A 2)
Der Aufstieg über den Reuthersweg zur Skihütte von Eibenstock (7500 Ew.) wird mit einem unvergesslichen Panoramablick belohnt. Aus dem Stadtbild ragen die Türme der neuromanischen Kirche (1864–68) und des Jugendstil-Rathauses (1907) heraus. Im *Stickerei-Museum* sind historische Stickmaschinen in Funktion zu erleben. *Bürgermeister-Hesse-Str. 7–9, Di–So 10–12, 13–17 Uhr.* Tropenklima mit Sauna und einer 106 m langen Rutsche bieten die tgl. geöffneten *Badegärten Eibenstock, Am Bühl 3.* Einer der zahlreichen Wanderwege führt zur Talsperre Eibenstock, mit 350 ha die größte Trinkwassertalsperre Sachsens. Sie erstreckt sich in den Waldtälern zwischen Eibenstock, Schönheide, Stützengrün und Hundshübel. Geruhsame Erholung bietet das familiengeführte Hotel Bühlhaus. *21 Zi., Bühlstr. 16, 08309 Eibenstock, Tel. 037752/ 21 27, Fax 29 24, €€–€*

SCHNEEBERG

(116/B 1) »Weihnachtsstadt des Erzgebirges« wird Schneeberg (17 700 Ew.) gern genannt. In der Adventszeit ist die Stadt festlich geschmückt, den Markt ziert eine 11,80 m hohe Pyramide, Turmblasen, Lichtelfest und Weihnachtsmarkt locken viele Gäste herbei. Viele bergbauliche Denkmäler erinnern an die große Zeit des Silberbergbaus im Mittelalter, ohne den sich Schneeberg die berühmte St.-Wolfgangs-Kirche

Turmbläser in der Weihnachtsstadt Schneeberg

nicht hätte leisten können. Die Altstadt, wie wir sie heute vorfinden, entstand planmäßig 1719–25 nach einem Brand. Auch die Feste sind mit der Bergbaugeschichte verknüpft, so der Bergstreittag am 22. Juli. Der traditionelle Festtag mit Berggottesdienst und Bergparade geht auf einen erfolgreich verlaufenen Lohnstreik der Bergknappen des Schneeberger Reviers im Jahre 1496 zurück.

BESICHTIGUNGEN

Bergbaulehrpfad
Zwölf bergbauliche Denkmäler können Sie entlang dieses 8 km langen Lehrpfades erkunden. Er beginnt am Siebenschlehner Pochwerk und endet am Filzteich. Führungen von 2 Std. nach Anmeldung in der Tourist-Information, die auch einen Plan kostenlos bereithält.

Markt
Ein im Erzgebirge einmaliges Ensemble im Stil des Hochbarock, entstanden nach dem Stadtbrand 1719. Das Rathaus an der Nordseite bekam sein heutiges Aussehen allerdings erst 1851/52. Über dem Portal erzählt ein Sandsteinrelief die Geschichte vom ersten Silberfund. Wer nicht in das Treppenhaus schaut, dem entgehen die schönen Schmuckelemente im Jugendstil und die prachtvolle Kassettendecke.

Pochwerk und Fundgrube
Das Siebenschlehner Pochwerk, heute ein technisches Museum, ist die letzte noch erhaltene und funktionstüchtige Erzaufbereitungsanlage im Westerzgebirge. 1753 wurde sie erbaut. Die Fundgrube, eine Bergbauanlage des 19. Jhs. mit dem Namen *Abzugsrösche Fundgrube Gesellschaft,* wurde zu einem Besucherbergwerk. *Führun-*

WESTERZGEBIRGE

gen Di–So nach Anmeldung unter Tel. 03772/226 36, Lindenauer Str. 22

St.-Wolfgangs-Kirche
Mit 60 m Länge, 27 m Breite und 20 m Höhe die größte protestantische Kirche Sachsens. Von welcher Seite man sich auch Schneeberg nähert, immer wird die Stadt von der Kirche beherrscht. 1945 war sie von US-Tieffliegern in Brand geschossen worden, der Wiederaufbau wurde 1996 abgeschlossen. Seitdem ist der beim Brand 1945 gerettete große Reformationsaltar von Lucas Cranach d. Ä., der erste monumentale dieser Art des Meisters, nach aufwändiger Restaurierung wieder zu sehen. Im Oktober 1998 wurde die letzte in diesem Jahrtausend eingebaute Großorgel im Freistaat Sachsen geweiht. Das Instrument hat 4000 Pfeifen und 56 Register.

MUSEUM

Museum für bergmännische Volkskunst
★ Wunderschöne Schnitzereien, Klöppelarbeiten und mechanische Heimatberge. Das Museum befindet sich im Bortenreuther-Haus von 1725, dem wohl schönsten Bürgerhaus Schneebergs. *Di bis Do, Sa, So 9.30–17 Uhr, Fr 13–17 Uhr, Zirbelplatz 1*

RESTAURANT/CAFÉ

Café Markteck
Für den eiligen Gast. Preiswerter Mittagstisch. *Markt 7, Tel. 03772/285 31, €*

Ratskeller
Leckeres Essen in altem Gewölbe. *Markt 1, Tel. 03772/224 84, €€*

ÜBERNACHTUNG

Berghotel Steiger
Familiengeführtes, elegant-rustikales Hotel, kinderfreundlich, Whirlpool, Sauna, Solarium. Restaurant mit guter Küche. *31 Zi., Am Mühlberg, Tel. 03772/394 90, Fax 39 49 69, €€*

Büttner
Kleines Hotel mit Charme. Das Restaurant im 400 Jahre alten Gewölbekeller zählt zu den besten gastronomischen Adressen im ganzen Erzgebirge. *12 Zi., Markt 3, Tel. 03772/35 30, Fax 35 32 00, €€*

SPIEL UND SPORT

✶ ✿ Das Strandbad Filzteich ist das größte Naherholungsgebiet im Westerzgebirge. An Sommertagen tummeln sich hier Hunderte auf der Liegewiese und im Wasser, es wird gesurft und gerudert. Der 23 ha große Filzteich entstand bereits 1483–85 als erster Stausee Sachsens, das Wasser diente früher dem Betrieb bergbaulicher Anlagen.

AUSKUNFT

Tourist-Information
Markt 1, 08289 Schneeberg, Tel. 03772/194 33, Fax 223 47, E-Mail schneeberg.tourist.info@t-online.de

ZIELE IN DER UMGEBUNG

Aue (116/B 1)
Von der Industrie geprägte Stadt (20 800 Ew.), die nach dem Zweiten Weltkrieg Zentrum des 1990 eingestellten Uranerzbergbaus war. Das *Stadtmuseum* informiert ausführlich über die Geschichte

Kleines erzgebirgisches Wörterbuch

Asch	große Schüssel
Bemm	Brotschnitte
Blembe	dünner Kaffee, dünne Suppe
Bobl	kleiner Junge
Dibbl	große Tasse
Drehml	kräftiger, aber ungeschickter Mann
fichelant	aufgeweckt, klug
Gack	Jacke
Gelattsch	Schwätzerei
Lappsack	jemand, der Unsinn erzählt
Nischl	Kopf
Schrabnell	unangenehme Frau
Schwamme	Pilze
titschn	Brot oder Kuchen in Kaffee eintauchen
tschinnrn	rutschen, schlittern

des Auer Erzbergbaus, ein unter dem Huthaus liegender Stollen demonstriert Methoden des Abbaus. *Mai–Okt. Di–Fr 9–12, 13–17 Uhr, Sa 9–17 Uhr, Nov.–April Di–Fr 9–12, 13–16.30 Uhr, Sa 9–16.30 Uhr, Bergfreiheit 1.* Im Zentrum gelegen: *Hotel Blauer Engel* mit Sauna, Solarium, Kegelbahnen, anspruchsvoller Küche und 56 Zimmern. *Altmarkt 1, 08280 Aue, Tel. 03771/59 20, Fax 231 73, €€*

Dorfchemnitz (111/D 6)
Das Museum der Stadt trägt den unfreundlichen Namen »Knochenstampfe«, da in dem Gebäude in der Tat Knochen zu Mehl zerstampft wurden, das als Düngemittel Verwendung fand. Zu sehen gibt es im Museum aber noch weit mehr: heimische Schnitzarbeiten, Klöppelerzeugnisse, eine Strumpfwirkerstube und einen wirklich wunderschönen Weihnachtsberg im orientalischen Stil. *Mo–Sa 10–12, 13–17 Uhr, So 12–17 Uhr, Am Anger 1*

Gleesberg (116/A 1)
Einen schöneren Blick auf Schneeberg als vom Dr.-Köhler-Aussichtsturm auf dem Gleesberg (594 m) bekommen Sie nirgendwo geboten. In der *Berggaststätte* bekomen Sie leckere, regionale Gerichte. *Mo geschl., Tel. 03772/224 53, €.* Anfahrt: Im Stadtteil Neustädtel von der Kobaltstraße in die östlich abzweigende Gleesbergstraße fahren.

Hartenstein (110/C 6)
Auf dem Marktplatz wurde 1896 das Denkmal für den in Hartenstein geborenen Barockdichter und Arzt Paul Fleming (1609–1640) aufgestellt, dem auch das Museum Burg Stein eine besondere Abteilung widmet. *Führungen Di–So 10, 11, 13, 14, 15 Uhr, April–Sept. auch 16 Uhr.* Südlich von Hartenstein liegt die *Prinzenhöhle*, ein alter Bergbaustollen. In ihm wurde 1455 Prinz Ernst versteckt. Der Ritter Kunz von Kauffungen hatte von Helfershelfern die beiden Söhne des

WESTERZGEBIRGE

sächsischen Kurfürsten, Ernst und Albrecht, aus dem Altenburger Schloss entführen lassen, um seinen Landesherrn zu erpressen. Das kostete den Ritter dann sein Leben. Er wurde auf dem Freiberger Marktplatz enthauptet. Der Weg zur Prinzenhöhle ist ausgeschildert.

Das Romantik-Hotel *Jagdhaus Waldidyll* wartet mit 28 Zimmern, abwechslungsreicher Küche und einem Blockhaus am Waldesrand auf, das Sauna, Dampfbad, Whirlpool, Solarium und einen Fitnessbereich aufnahm. *Talstr. 1, 08118 Hartenstein, Tel. 037605/840, Fax 84444, €€€–€€*. Eines der schönsten Hotels in der Region ist der 1911/12 im Jugendstil errichtete und unlängst renovierte Prachtbau *Schloss Wolfsbrunn*. Historische Möbel, Porzellanbrunnen im Restaurant, Pool und Sauna sowie ein großer Park schaffen luxuriöse Bequemlichkeit. *24 Zi. und Suiten, Stein 8, 08118 Hartenstein, Tel. 037605/760, Fax 762 99, €*

Keilberg (116/A 1)

Der Fürst-Bismarck-Turm steht seit 1893 auf dem Berg (557 m) nördlich von Schneeberg. In der *Berggaststätte* gibt es bodenständige Küche, *Mo, Di geschl., Tel. 03772/280 85, €€*. Die Anfahrt: in Richtung Langenbach und dann linker Hand das Hinweisschild beachten.

Lößnitz (116/B 1)

Im Turm der Johanniskirche (1826) hängt das vermutlich älteste funktionsfähige Bronzeglockenspiel (1938) Deutschlands, das mehrmals am Tag erklingt. Die »Muhme« wird Lößnitz im Volksmund genannt, was so viel wie »ältere Dame« bedeutet. Denn die Stadt (5400 Ew.) gehört zu den ältesten planmäßig angelegten Städten des Erzgebirges. Mit der Erzgebirgshalle besitzt Lößnitz eine der modernsten Spiel- und Sporthallen der Region. Vorhanden sind eine dreigeteilte Spielfläche, Kegelbahnen, Fitnessräume und vieles mehr. Im Sommer kommen viele in die Gaststätte *Lößnitzblick,* um von der Terrasse den Blick auf die Altstadt zu genießen. Der Lößnitzblick bietet reichliche Portionen zu niedrigen Preisen. *Obere Bahnhofstr. 2a, Tel. 03771/350 76, €*

Schlema (116/B 1)

Seit der Einheit Deutschlands erlebt Schlema seine Wiedergeburt als Kurort. Der Kurpark sowie das Kurmittelhaus mit einer Saunalandschaft und dem tgl. geöffneten *Gesundheitsbad Actinon, Richard-Friedrich-Boulevard 7,* sind neu entstanden. Vor dem Zweiten Weltkrieg besaß Oberschlema die stärksten Radiumquellen der Welt. »Zu uns sind Patienten mit dem Rollstuhl gekommen und mit dem Fahrrad heimgefahren«, erzählt man sich noch heute. Der 1914 begonnene Kurbetrieb mit Gästen aus aller Welt endete 1946: 300 Häuser und alle Kureinrichtungen mussten dem Uranbergbau der Russen weichen. Gut schlafen Sie im *Parkhotel Oberschlema, 38 Zi., Markus-Semmler-Str. 73, 08301 Schlema, Tel. 03772/35 40, Fax 35 42 69, €€–€*.

Im *Kulturhaus Aktivist, Bergstr. 22,* dokumentiert die Traditionsstätte des »sächsisch-thüringischen Uranerzergbaus« den einst in großem Stil betriebenen

Die barocke St.-Georgen-Kirche in Schwarzenberg

Bergbau des Unternehmens Wismut, das ingesamt 240 000 t Uran förderte. Im Freigelände ist schwere Grubentechnik zu sehen. *Mo–Fr 9–17 Uhr, Sa 9.30–16.30 Uhr*

Thalheim (111/D 5)
Badeerlebnisse beschert das neue Erzgebirgsbad mit Strömungskanal, Nackenduschen, Solebecken, einer 56 m langen Rutsche und vielem mehr. *Tgl. geöffnet, Stadtbadstr. 14*

Zwönitz (111/D 6)
Bis 1973 war die Papiermühle im Ortsteil Niederzwönitz in Betrieb, in der bis ins 19. Jh. Büttenpapier handgeschöpft wurde. Heute erwartet die Mühle mit ihren noch funktionstüchtigen historischen Maschinen und Anlagen als *Technisches Museum Papiermühle* Besucher. *Mi–Sa 10–12, 13–17 Uhr, So 12–17 Uhr, Köhlerberg 1.* Gemütlich sitzen Sie in der Erzgebirgsstube des *Hotels Roß. 21 Zi., Markt 1, 08297 Zwönitz, Tel. 037754/22 52, Fax 775 33, €.* Vor dem Hotel steht eine kursächsische Postmeilensäule von 1728.

SCHWARZENBERG

(116/B–C 1) Im Mai/Juni 1945 war Schwarzenberg (18 500 Ew.) für sechs Wochen eine Art Freie Republik, Niemandsland – die Alliierten hatten am Ende des Zweiten Weltkrieges vergessen, den Landkreis Schwarzenberg zu besetzen. Stefan Heym hat dieses interessante Kapitel der Stadtgeschichte in seinem Roman »Schwarzenberg« festgehalten.

Die Altstadt entstand auf einem Felsmassiv. Als dort kein Platz mehr war, begannen die Schwarzenberger die sieben Hügel der Umgebung und das Tal des Schwarzwassers zu besiedeln. Die Höhenunterschiede in der Stadt betragen bis zu 170 m, ein wenig Kondition sollten Sie für die Besichtigungstour also schon mitbringen. Ein Glockenspiel aus 37 Meißner Glocken erklingt um 9, 11, 14 und 17 Uhr am Springbrunnen zwischen Oberer und Unterer Schlossgasse. Zur Weihnachtszeit dreht sich gegenüber dem Postamt eine 7 m hohe Pyramide. ✻ Am Aussichtspunkt Totensteinkanzel soll, so

WESTERZGEBIRGE

die Schwarzenberger Legende, der Kampf des St. Georg mit dem Lindwurm stattgefunden haben.

BESICHTIGUNG

St.-Georgen-Kirche
Die am reichsten ausgestattete protestantische Barockkirche des Erzgebirges. Ihre Innenausstattung stammt überwiegend aus der Erbauungszeit 1690–93. Den Kirchenraum überspannt eine freitragende Decke. Seit 1993 besitzt die Kirche eine neue Orgel mit 36 Registern und 2326 Pfeifen.

MUSEEN

Eisenbahnmuseum
Der 1902 erbaute Lokschuppen mit Drehscheibe, 15 historische Dampf- und Dieselloks sowie 50 Reisezugwagen bilden das Museum. *Schneeberger Str., Sa, So, Feiertage 10–17 Uhr*

Museum Schloss Schwarzenberg
Niedlich anzuschauen sind die Miniaturwerkstätten der Löffelschmiede, Schlosser und anderer Berufe. Interessante Spitzenklöppel-Arbeiten. *Di–So 10.30–16.30 Uhr, Obere Schlossstr. (im Schloss)*

RESTAURANT

Gasthaus Neuwelt
Erkundigen Sie sich, wann Bockbierfeste mit Schlachtplattenspezialitäten stattfinden. *Talstr. 3, Tel. 03774/226 20,* €

AM ABEND

Kunst und Kneipe
✪ ✻ Urig, Treff der Szene in der historischen Altstadt. Besteht aus zwei Einrichtungen: *Café Piano* *und Weinkeller Drachen, Obere Schlossstr. 5, Tel. 03774/ 224 98,* €

ÜBERNACHTUNG

Am Hohen Hahn
3 km von Schwarzenberg entferntes Ferienhotel mit eigenen Tennisplätzen, Sauna, Solarium. *45 Zi., Gemeindestr. 92, 08340 Bernsgrün, Tel. 03774/13 10, Fax 13 11 50,* €€€–€€

Neustädter Hof
Auch anspruchsvolle Gäste werden in dem traditionsreichen, modernisierten Haus zufriedengestellt. *80 Zi., Grünhainer Str. 24, Tel. 03774/12 50, Fax 12 55 00,* €€

Parkhotel
Ruhige Lage mit einzigartigem Blick auf die Stadt. *25 Zi., Klempnerweg 3, Tel. 03774/257 08, Fax 256 18,* €€

AUSKUNFT

Schwarzenberg-Information
Oberes Tor 5, 08340 Schwarzenberg, Tel./Fax 03774/225 40, E-Mail schwarzenberginfo@abo.freiepresse.de

ZIELE IN DER UMGEBUNG

Bockau (116/B 2)
Der Ort in einer lang gestreckten Talmulde besitzt das erste sächsische Spirituosenmuseum. In ihm wird erläutert, wie der Bockauer Kräuterlikör entsteht. In der »Wurzelstube« können Sie ihn probieren und auch gleich für zu Hause mitnehmen. Die Zusammensetzung ist geheim, Nachfragen werden mit einem freundlichen Lächeln beantwortet. *Zechenhausweg 1, Mo–Fr 10–16 Uhr, Sa, So 13–17 Uhr*

Markersbach (116/C 2)

Die um 1200 erbaute Kirche, benannt nach St. Barbara, der Schutzheiligen der Bergleute, gilt als älteste Dorfkirche Sachsens, die Innenausstattung stammt aus dem 16. bis 18. Jh. Interessant ist ein Blick in das *Holzmuseum* der noch produzierenden Holzfabrik. *Di–So 10–17 Uhr, Annaberger Str. 110.* Das in den Sechziger- und Siebzigerjahren erbaute Pumpspeicherwerk mit seinem Maschinenraum 100 m tief im Innern des Berges gehört zu den besonders großen seiner Art in Europa. ❊ Vom Oberbecken auf dem Bergrücken Hundsmarter bietet sich ein schöner Blick.

Pöhla (116/C 2)

★ Ein tolles Erlebnis bietet das *Besucherbergwerk* Pöhla: Nach einer 3 km langen untertägigen Zugfahrt im Mannschaftstransportwagen werden Europas größte Zinnkammern erreicht. 12 m hoch und 45 m lang sind die Gewölbe, die auch den imponierenden Rahmen für akustisch glanzvolle Konzerte bilden. Bei Pöhla wurde vom 17. bis zum 20. Jh. nach Zinn, Eisen, Silber, Blei, Kupfer und Uran gegraben. Umhang und Geleucht werden gestellt, das Mindestalter beträgt 10 Jahre. *Führungen (Dauer 3 Std.) nur nach Voranmeldung Mo–Fr ab 15 Uhr (mindestens 10 Personen), Sa ab 10 Uhr (mindestens 20 Personen). Luchsbachtal, Tel. 03774/ 810 79.*

In der Nähe des Besucherbergwerks die Gaststätte Vugelbeerschänke mit erzgebirgischer Atmosphäre und ungarischer Küche. Der Ungar Ferenc Vastyar, seit mehr als 20 Jahren im Erzgebirge zu Hause, kocht vorzüglich. *Karlsbader Str. 32, Tel. 03774/860 34,* €€

Rittersgrün (116/C 3)

Das Bahnhofsgelände in Rittersgrün wurde zum *Sächsischen Schmalspurbahn-Museum*. Zu sehen sind Dampflokomotiven, Wagen sowie das Bahnhofsambiente aus der Zeit um 1900. Die Eintrittskarte wird an einem historischen Fahrkartenschalter gelöst. Im Freigelände sind typischen Anlagen wie Wasser- und Kohlekran sowie Signale vorhanden. Im Jahr 1889 dampfte zum ersten Mal eine Kleinbahn von Grünstädtel in das 9,4 km entfernte Oberrittersgrün, am 25. September 1971 fuhr der letzte Zug in den Bahnhof. *April–Mitte Okt. Di–So 9.30–17 Uhr, Mitte Okt. bis März Di–So 9–16 Uhr*

Sosa (116/B 2)

36 ha große Trinkwassertalsperre, zu der eine Autostraße im Ferienort Sosa abzweigt. Ein großer Parkplatz befindet sich nahe der 200 m langen Staumauer bei der Freilichtbühne. ❊ Vom kleinen Aussichtsfelsen haben Sie einen schönen Blick auf das Wasser und zum Auersberg. Dort beginnt der 10 km lange Köhlerweg *(S. 98),* der auch zu einer noch produzierenden Köhlereien führt, die durch den aufsteigenden Rauch auf sich aufmerksam machen. Seit kurzem im alten Glanz wiedereröffnet wurde die zu DDR-Zeiten äußerst beliebte *Gaststätte Meiler, Tel. 037752/616 00,* €.

Waschleithe (116/C 1–2)

★ Das Erzgebirge in Miniaturausgabe bietet das *Heimateck* am *Seifenbach* (nahe dem nördlichen Dorfausgang). Im Maßstab 1 : 40 sind hier detailgetreu rund sechzig bedeutende Bauwerke aus dem Erzgebirge zu sehen, dar-

WESTERZGEBIRGE

unter das 1963 völlig niedergebrannte Fichtelberghaus. Bewegliche Szenen geben einen Einblick in den Alltag früherer Zeiten. *Mai–Mitte Okt. tgl. 8–18 Uhr.* Am Fürstenberg kann das *Lehr- und Schaubergwerk Herkules-Frisch-Glück* besichtigt werden. Der Einstieg in den 500 m langen Stollen in etwa 80 m Tiefe erfolgt über 250 Stufen. Von 1705 bis 1921 wurden in der Grube Eisen und Marmor abgebaut. *Führungen (Dauer 60 Min., Kinder ab 4 Jahren haben Zutritt) April–Okt. tgl. 10, 11, 13, 14, 15, 16 Uhr, Nov.–März Di–Sa 11, 14, 15 Uhr.* Vom Parkplatz sind es 5 Min. zu Fuß, am Schaubergwerk besteht keine Parkmöglichkeit! Interesse erweckt stets die alte Ruine beim Parkplatz: Es ist die St.-Oswalds-Kirche (im Volksmund Dudelskirche genannt), die einstige Wallfahrtskapelle des Klosters Grünhain, die nach der Reformation verfiel.

Auch wenn Sie weder Hunger noch Durst plagen: Wandern Sie zum *Silence-Hotel Köhlerhütte-Fürstenbrunn* (am Schaubergwerk links abbiegen), um einen Blick in die historische Köhlerstube und das Jagdzimmer zu werfen – beide Räume sind wunderschön. *17 Zi., Am Fürstenberg 4, 08340 Beierfeld, Tel. 03774/159 80, Fax 15 98 43, €€.* Preiswerter sind die 25 Zimmer im *Landhotel Osterlamm, Talstr. 25, Tel. 03774/222 43, Fax 200 65, €.* ❋ Auf dem nordwestlich liegenden Spiegelberg (726 m) entstand 1999 wieder der König-Albert-Turm mit einem Personenaufzug, von dem sich ein weiter Blick bietet.

Blick vom Auersberg zur Talsperre Sosa

ERZGEBIRGSVORLAND

Städte mit reicher Geschichte

Prachtvolle Bauten und kostbare Kunstwerke erinnern an früheren Reichtum

Drei Eingangstore hat das Erzgebirge: Chemnitz, Freiberg und Zwickau, drei Städte mit reicher Geschichte und großen wirtschaftlichen Traditionen. Aus der Ferne wirken sie mit ihren grauen Fabrikgebäuden und Dutzenden von Schornsteinen wenig einladend, man muss näher treten und wird staunen über prachtvolle Bauten, viele gepflegte Parks und eine Fülle von kulturhistorischen Kostbarkeiten. In Chemnitz war es vor allem der Maschinenbau, der zu Wohlstand führte. Was im Freiberger und Zwickauer Gebiet wirtschaftliche Blüte hervorbrachte, lassen die Geröllhalden erkennen: der Bergbau. Nach manchem Auf und Ab war damit 1977 endgültig Schluss, in jenem Jahr rollte im Zwickau-Oelsnitz-Lugauer-Steinkohlenrevier der letzte Hunt mit Steinkohle aus dem Förderkorb. Alle drei Städte sind in das waldreiche, hügelige Erzgebirgsvorland eingebunden.

Die weltweit berühmte Goldene Pforte im Freiberger Dom erzählt in Sandstein gemeißelt die biblische Geschichte

CHEMNITZ

☛ **Stadtplan in der hinteren Umschlagklappe**

(111/D–E4) Die City ist dabei, ihr Gesicht zu verändern. Jahrzehnte galt Chemnitz (263 000 Ew.) als das hässliche Entlein Sachsens, die Gegend zwischen Markt, Roter Turm und Stadthalle war vom Ende des Zweiten Weltkrieges bis weit in die Zeit nach der Einheit Deutschlands die größte innerstädtische Brachfläche Europas. Jetzt ist die Neubebauung in vollem Gang. Die Galerie Roter Turm mit ihrer filigranen Terracotta-Fassade als Hauptgebäude der neuen City öffnete 2000, das wenige Meter entfernte gläserne Kaufhaus 2001. Entworfen haben die originellen Projekte die Stararchitekten Hans Kollhoff und Helmut Jahn.

Die drittgrößte Stadt Sachsens war einst ein Zentrum der Textilindustrie und die Metropole des deutschen Maschinenbaus, doch seit Jahren schon raucht und dampft es in Chemnitz nicht mehr. Die großartigen Industriebauten sind aber fast alle noch vorhanden und bilden einen der touristischen Anziehungspunkte der Stadt. Das meistfotografierte Motiv jedoch ist

MARCO POLO TIPPS
FÜR DAS ERZGEBIRGSVORLAND

1 Schloss Augustusburg
Mit der Seilbahn zu drei Museen, Adler- und Falkenhof und Aussichtsturm (Seite 62)

2 Freiberger Dom
Die weltberühmte Goldene Pforte und weitere Kunstwerke (Seite 64)

3 Domkonzerte
Phantastischer Klang von zwei Silbermannorgeln erfüllt den Freiberger Dom (Seite 67)

4 Agrarmuseum Blankenhain
Bäckerei, Dorfschule, Bauernhöfe und ein Rittergut laden zum Besuch ein (Seite 71)

---

der monumentale Karl-Marx-Kopf des Russen Lew Kerbel in der Brückenstraße – die bronzene Erinnerung an die Zeit von 1953 bis 1990, als die Stadt den Namen von Karl Marx tragen musste – gemäß einem Beschluss des SED-Politbüros. Chemnitz besitzt mit dem Kaßberg eins der größten zusammenhängenden Jugendstilviertel Europas und überraschend viele Parkanlagen, 60 m² Grün kommen auf jeden Einwohner.

BESICHTIGUNGEN

Markt
Das alte Rathaus entstand Ende des 15. Jhs., das mit ihm verbundene Neue Rathaus Anfang des 20. Jhs. Zum regelmäßigen Zeremoniell wurden wieder die Rufe der Chemnitzer Türmer, die einst Feinde und Brände signalisierten. Von *April–Nov.* erklingen *Sa von 9.30–10 Uhr* vom Rathausturm Posaunenchöre, danach die Rufe des Türmers »Hört ihr Leut´ und lasst Euch sagen« und zum Abschluss erklingen die 48 Glocken des handbetriebenen Glockenspiels. Die sich an das alte Rathaus anschließende Jakobikirche (1404–12) wurde nach dem Vorbild der alten Sebalduskirche zu Nürnberg erbaut. Das barocke Siegert'sche Haus (1727–41) entstand für einen reichen Kaufherrn. An den Markt grenzt der Rosenhof, benannt nach Hunderten von Rosenstöcken, die von den Partnerstädten Coventry, Oradour, St. Petersburg und Lidice kamen.

Schaubergwerk Felsendome Rabenstein
Beeindruckend sind domartige Weitungen, die beim Abbau von Kalkstein von 1375 bis 1908 entstanden. Die Temperatur beträgt nur 4–6 °C! Beliebt sind die Musikveranstaltungen unter Tage. *Mo–Fr 10–17 Uhr, Sa, So bis 18 Uhr, Weg nach dem Kalkwerk 5*

Schlosskirche
Kunsthistorische Bedeutung besitzen das Hauptportal (1525) aus in Stein nachgeahmten Baumstämmen und die von Hans Witten geschaffene 3,60 m hohe Gei-

ERZGEBIRGSVORLAND

ßelsäule (um 1515). Die dreischiffige Hallenkirche stammt wohl von Anfang des 16. Jhs. *Schlossberg*

MUSEEN

Deutsches Spielemuseum
Historische Spiele aus vier Jahrhunderten, darunter als ältestes ein Murmelspiel aus dem Jahre 1650 sowie Erich Honeckers Schachcomputer. Mehr als 400 aktuelle Spiele liegen zum aktiven Mitmachen aus. *Mi–So 13–18 Uhr, Neffestr. 78a (im Solaris-Technologie- und Gewerbepark)*

Industriemuseum
Sachzeugen zur sächsischen Industriegeschichte, vor allem Werkzeug- und Textilmaschinen. Eingerichtet in der ehemaligen Eisengießerei Richter. *So–Fr 9–17 Uhr, Annaberger Str. 114*

Kunstsammlungen Chemnitz
Die Textil- und Kunstgewerbesammlung ist berühmt. Zu den Kostbarkeiten gehören 500 Stofffragmente aus oberägyptischen Gräberfunden. Das Museum besitzt 1500 Arbeiten der Malerei und Plastik sowie 25 000 Aquarelle und Druckgrafiken. *Di, Do, Sa, So 11–17 Uhr, Mi 11–19.30 Uhr, Fr 12–17 Uhr, Theaterplatz 1 (im König-Albert-Museumsbau)*

Museum für Naturkunde
Blickfang vor dem Museum bildet der 250 Mio. Jahre alte Versteinerte Wald. *Di–Fr 9–12, 14–17 Uhr, Sa, So 11–17 Uhr, Theaterplatz 1 (im König-Albert-Museumsbau)*

Schlossbergmuseum
Das ehemalige Benediktinerkloster, das Mitte des 16. Jhs. zum Schloss umgebaut wurde, beherbergt die Sammlungen zur Chemnitzer Stadtgeschichte und die Städtischen Sammlungen Alter Kunst. Die einstige Schlossküche mit ihrem offenen Kamin wurde zu einem Museumscafé umgebaut. *Di–Fr 11–16 Uhr, Sa, So 11 bis 17 Uhr, Schlossberg 12*

RESTAURANTS/CAFÉS

Eiscafé Temmler
Die Chemnitzer schwören, in dem glasüberdachten Schlecktempel gebe es Sachsens bestes Schoko-Eis. Und weitere 49 Sorten. *Zschopauer Str. 174, Tel. 0371/558 00*

Heck-Art-Haus
Frühstücken, Kaffeetrinken und gut essen, umgeben von viel Kunst. *Mühlenstr. 2, Tel. 0371/694 68 18, €*

Lobster's
Fisch in allen nur denkbaren Variationen. *Straße der Nationen 104, Tel. 0371/42 17 99, €€*

Opernterrasse
Hier werden Gaumenfreuden serviert, die Weinkarte ist beachtlich. *Theaterplatz 4 (im Hotel Chemnitzer Hof), Tel. 0371/68 40, €€€*

Zum Grütznickel
Sächsische Gemütlichkeit und regionale Küche. *Rathausstr. 10, Tel. 0371/694 90 80, €€*

EINKAUFEN

Die City lädt endlich wieder zum Bummeln, Shoppen und Verweilen ein. Nachdem 1995 die über einhundertjährige, originalgetreu restaurierte *Markthalle* zwischen Hartmannstraße und Kaßbergauffahrt wieder Kunden empfing, haben nun auch die neue *Galerie Roter Turm* und (ab Sommer 2001) das *Galeria-Kaufhaus* geöffnet, das Shoppingerlebnisse bietet. Kunstinteressierte besuchen die *Galerie Schmidt-Rottluff* im Neuen Rathaus am Markt.

ÜBERNACHTUNG

City Line
Adelsberger Parkhotel Hoyer
Eine sehr gute Adresse in Chemnitz. *26 Zi., Wilhelm-Busch-Str. 61, Tel. 0371/77 42 00, Fax 77 33 77,* €€€–€€

Günnewig Hotel Chemnitzer Hof
Stilvolles Ambiente im traditionsreichsten Haus der Stadt, 1930 im Bauhausstil errichtet. *104 Zi., Theaterplatz 4, Tel. 0371/68 40, Fax 676 25 87,* €€€

Mercure Kongress Chemnitz
Das höchste Gebäude im Stadtzentrum, kleine, aber passabel eingerichtete Zimmer mit dem Komfort eines Mittelklassehotels. Nichtraucheretagen. *386 Zi., Brückenstr. 19, Tel. 0371/68 30, Fax 68 35 05,* €€€–€€

Jugendherberge
✼ Am Stadtrand in ländlich-waldreicher Gegend. *88 Betten, Augustusburger Str. 369, Tel./Fax 0371/713 31,* €

AM ABEND

Im *Opernhaus* stehen auch Operette und Musical auf dem Spielplan, *Theaterplatz 2.* Das *Schauspielhaus* befindet sich am *Park der Opfer des Faschismus.* Im Gewölbe der Markthalle spielt das 1. Chemnitzer Kabarett. Die *UCI Kinowelt* in der *Galerie Roter Turm* ist mit elf Sälen und nahezu 3000 Plätzen eines der größten und modernsten Kinocenter Sachsens. Im *Voxxx, Horst-Menzel-Str. 24,* einer ehemaligen Brauerei, flimmern wirklich außergewöhnliche Filme über die Leinwand. Außerdem werden dort Partys veranstaltet, Theater- und Tanzprojekte aufgeführt, und man kann dort Musik hören. ✼ Nicht vor 20 Uhr öffnet der *Fuchsbau, Carolastr. 8,* dafür geht es in der Diskothek und Musikkneipe mit Nischen und Flaniermeile bis in den frühen Morgen. Im *Kraftwerk, Zwickauer Str. 152,* geben sich Stars und Gruppen der Musikszene die Klinke in die Hand.

AUSKUNFT

Chemnitz-Service
Bahnhofstr. 6, 09111 Chemnitz, Tel. 0371/69 06 80, Fax 690 68 20, E-Mail Chemnitzservice@chemnitz.de

ZIELE IN DER UMGEBUNG

Augustusburg (111/F 4)
★ Für das in 516 m Höhe thronende Schloss Augustusburg sollten Sie einen ganzen Tag einplanen. Denn in dem Jagd- und Lustschloss (1568–72) von Kurfürst August I. in der gleichnamigen Stadt gibt es viel zu sehen. Drei Museen sind im Schloss zu Hause: das *Motorradmuseum,* das die hundertjährige Geschichte des Motorrads dokumentiert; das *Museum für Jagdtier- und Vogelkunde des Erzgebirges* mit interessanten Dioramen und in einem ehemaligen Stallgebäude das *Kutschenmuseum.* Die Schlosskapelle ziert ein Altarbild von Lucas Cranach d.J. Viel

ERZGEBIRGSVORLAND

Interesse findet die neue Ausstellung Jagd und Hofhaltung mit einer Licht-Ton-Präsentation, im *Adler- und Falkenhof* erleben Sie Steinadler, Gänsegeier und Bussarde im freien Flug. Während der *Vorführungen (45 Min.)* erfahren Sie Wissenswertes über die historische Beizjagd. *April–Okt. Di–So 11, 15 Uhr.* Der Schlossbrunnen wurde 130,6 m tief in den Fels getrieben, Zwangsarbeiter schufteten sieben Jahre daran. Der Aussichtsturm bietet wechselnde Ausstellungen und nach dem Aufstieg über 130 Stufen eine herrliche Fernsicht. Die gesamte Anlage hat geöffnet: *April–Okt. tgl. 9–18 Uhr, Nov.–März tgl. 9–17 Uhr.*

Die empfehlenswerte Anreise: Mit der Bahn von Chemnitz bis Erdmannsdorf und von dort weiter mit der zum Fuße des Schlossberges führenden Seilbahn. *Mo–Fr 7.55–17.35 Uhr, Sa, So, Feiertage 8.15–18.35 Uhr alle 15 Min.* Im *Augustuskeller* mundet in anheimelnder Atmosphäre der nach einem Hausrezept der Kurfürstin Anna zubereitete, mit Backobst gefüllte Kasslerbraten, der mit Klößen serviert wird. *Tel. 037291/207 40*, €€

Hohenstein-Ernstthal (110/C 4)
Die seit 1927 veranstalteten Motorradrennen auf dem Sachsenring und Karl May haben die Stadt (15 000 Ew.) bekannt gemacht. Der geistige Vater von Winnetou und Old Shatterhand kam 1842 in einem schmalen, dreistöckigen Weberhäuschen in der heutigen Karl-May-Str. 54 zur Welt. *Di–Fr 9–12, 13–16 Uhr, Sa, So 13–17 Uhr*

Klaffenbach (111/E 5)
Das einzige Wasserschloss (1616) in der Umgebung von Chemnitz präsentiert sich nach aufwändigen Restaurierungen seit 1995 als Kultur- und Freizeitzentrum mit Künstler- und Kunsthandwerkerateliers, Konzertraum, Standesamt. In das ehemalige Wirtschaftsgebäude zog das *Sächsische Fahrzeugmuseum*. Viele Ausstellungsstücke sind die einzig erhalten gebliebenen Benzinkutschen ihrer speziellen Bauart. *Di–Fr 10–17 Uhr, Sa, So 10–18 Uhr.* Das *Schlosshotel* bietet *53 Zi.* und zwei schöne historische Hochzeitszimmer. *09123 Klaffenbach. Tel. 0371/261 10, Fax 261 11 00*, €€

Das Renaissanceschloss Augustusburg beherbergt drei Museen

Naherholungszentrum
Oberrabenstein (111/D 4)
20 Min. Fahrt sind es vom Chemnitzer Zentrum bis Oberrabenstein. Den 6,5 ha großen Stausee säumen ein 400 m langer Strand, Liegewiesen mit Strandkörben und Wald. Im Wildgatter kann Wild beobachtet werden. In der *Burg Rabenstein*, der kleinsten erhaltenen Burganlage Sachsens, informiert eine Ausstellung über die 600-jährige Geschichte. *Mai–Okt. Di–So 9–12, 13–18 Uhr, Oberfrohnaer Str. 145.* Durch den Rabensteiner Wald führen zahlreiche Wanderwege. Klein, aber fein: das *Burghotel Rabenstein* mit exzellenter Küche und *20 Zimmern. Grünaer Str. 2, 09117 Rabenstein, Tel. 0371/ 85 65 02, Fax 85 05 79,* €€€

Stausee Oberwald (110/C 4)
16 ha großer Stausee nordwestlich von Hohenstein-Ernstthal (bei Reichenbach, direkt an der A 4). 360 m langer Badestrand mit FKK, die Wasserrutsche hat eine Länge von 64 m. Wenn kein Badewetter herrscht, muss es nicht langweilig werden: Minigolfanlage, Kegelbahn, Freiluftschach sind vorhanden, Fahrräder, Ruder- und Tretboote können Sie mieten.

FREIBERG

(112/B 3) 5200 Tonnen Silber wurden um Freiberg in 800 Jahren zu Tage gefördert. Das hat eine Menge Geld eingebracht, was die Bauwerke in der Stadt (47 000 Ew.) anschaulich belegen. Heute wird der mittelalterliche Stadtkern als Silberader Freibergs bezeichnet, denn seinetwegen kommen die Touristen. Freiberg rühmt sich der 1765 gegründeten und noch heute bestehenden ersten Montan-Hochschule der Welt und der bedeutendsten Orgel von Gottfried Silbermann. Wer ihre phantastische Klangfülle bei einem Domkonzert erlebt, dem wird Freiberg, »Mutter der sächsischen Bergstädte« genannt, unvergesslich bleiben.

BESICHTIGUNGEN

Altstadt
Immer wieder beeindruckend ist der *Obermarkt* mit dem Brunnendenkmal (1898) des Stadtgründers, Markgraf Ottos I. von Meißen. Das *Rathaus* (1410–14) war im Mittelalter das größte in Sachsen, *tgl. 11.15 und 16.25 Uhr* erklingt von ihm das Glockenspiel. Das 32 m hohe Haus Nr. 17 (1530) ist eines der frühesten Renaissancebauten in Sachsen. Durch das Kirchgässchen erreicht man den *Petriplatz* mit der *Petrikirche* (13. bis 15. Jh.). Der ehemalige Domherrenhof (nach 1484) am *Untermarkt* beherbergt das *Stadt- und Bergbaumuseum.* Schloss Freudenstein diente Anfang des 16. Jhs. als Residenz, später wurde es als Getreidelager genutzt. In der *Nonnengasse* befindet sich das Stammgebäude der Bergakademie.

Dom
★ Das schlichte Äußere lässt die prunkvolle Ausstattung kaum erahnen. Die lebensgroßen Figuren der zwölf Apostel sowie der klugen und törichten Jungfrauen (um 1510) gehören zum Wertvollsten, was die Kunst der Spätgotik hinterlassen hat, die Tulpenkanzel (1508–1510) von Hans Witten zu den einfallsreichsten plastischen Schöpfungen dieser

ERZGEBIRGSVORLAND

Stilepoche. Im Dom erklingt Silbermanns älteste und größte Orgel, sie hat drei Manuale, 45 Register und 2674 Pfeifen; die kleine Silbermann-Orgel kam erst 1939 in den Dom. Weltberühmt wurde die Goldene Pforte, die zu den besten Zeugnissen der mittelalterlichen Bau- und Bildkunst gehört. In Sandstein gemeißelt, erzählt sie in gedrängter Form die gesamte biblische Geschichte. Die Prunkgrabmäler stammen aus dem 16. und 17. Jh., als der Dom Grablege der protestantischen Wettiner war. *Über die Führungszeiten und das Orgelspiel informiert die Tourist-Information.*

Sächsisches Lehr- und Besucherbergwerk »Himmelfahrt-Fundgrube«

Tagesanlagen Alte Elisabeth: Die ältesten erhaltenen Schachtgebäude des Freiberger Bergbaus mit der originalen Ausstattung im Inneren. *Fuchsmühlenweg, Führungen (1 Std.) Mai bis Sept. Mo–Fr 13 Uhr, Sa 10, 14 Uhr, So 11 Uhr*

Schacht Reiche Zeche: Ein komplettes und funktionsfähiges Silberbergwerk. *Untertageführungen (2 Std.),* Schutzkleidung wird gestellt, Mindestalter 12 Jahre. *Fuchsmühlenweg, Mo–Fr 9.30 Uhr, ersten Sa im Monat 8, 11, 14 Uhr, Mai–Sept. jeden Sa*

Freiberg – Marktbrunnen mit Stadtgründer Markgraf Otto I. von Meißen

Abraham-Schacht: Die Grubenanlage hat heute noch das Aussehen eines großen Erzbergwerkes aus der Zeit des 19. Jh. *Himmelfahrtsgasse, Führungen (1 Std.) Mo–Fr 14 Uhr*

MUSEEN

Geowissenschaftliche Sammlungen
Im Werner-Bau *(Brennhausgasse 14)* werden aus den Sammlungen der Bergakademie Freiberg, die zu den bedeutendsten der Welt gehören, Minerale, Erze, Gesteine gezeigt. *Mi–Fr 9–12, 13 bis 16 Uhr, Sa 9–16 Uhr*

Naturkundemuseum
Bergbaulandschaft, Ökologie und Naturschutz sind die Schwerpunkte der Ausstellung. *Sa–Mi 10–17 Uhr, Waisenhausstr. 10*

Stadt- und Bergbaumuseum
Sachzeugen der Bergbaugeschichte, eine große Kunstsammlung, vor allem spätmittelalterliche sakrale Plastik und Kunsthandwerk. *Di–So 10 bis 17 Uhr, Am Dom 1*

RESTAURANTS/CAFÉS

Brauhof
Zu den Spezialitäten gehört der Sudkessel: Lammkoteletts, Grillkassler, Bohnen, Bratkartoffeln, überzogen mit Biersoße und serviert im Topf. *Körnerstr. 2, Tel. 03731/35 300, €*

Café Andell
Die besten Eierschecken Freibergs, alles aus eigener Herstellung. *Untermarkt 26 (gegenüber dem Dom), Tel. 03731/230 01*

Café Hartmann
Nur hier ist der Freiberger Bauernhase zu haben; kleine Speisekarte. *Petersstr. 1a, Tel. 03731/228 07, €*

Le Bambou
Serviert wird deutsche und internationale Küche mit großer Aus-

---

Bergbau-Lexikon

Abteufen	Niederbringen eines Schachtes
Berghabit	Festtracht der Bergleute, auch Festwichs genannt. Wird heute bei den Aufzügen getragen
Fahren	das Fortbewegen des Bergmanns unter Tage
Geleucht	unter Tage verwendete Leuchten
Gezähe	Werkzeuge des Bergmanns
Hunt	untertägiger Förderwagen
Huthaus	Gebäude zum Aufbewahren des Gezähes
Kaue	Wasch- und Umkleideraum der Knappen
Knappe	Bergmann
Pinge	durch Grubeneinsturz entstandener Trichter
Steiger	Aufsichtsbeamter unter Tage
Teufe	Abstand von der Tagesoberfläche bis zum untersten Gang
Wetter	Grubenluft
Zeche	Bergwerk

ERZGEBIRGSVORLAND

wahl an französischen Weinen. In der warmen Jahreszeit sitzt es sich angenehm im Innenhof. *Obergasse 1, Tel. 03731/35 39 70, €€€*

Pfeffersack
In der historischen Gastwirtschaft am Dom sind einheimische Wildgerichte die Spezialität. Im Sommerbiergarten im Innenhof. *Kirchgasse 15 c, Tel. 0373/45 86 76, €*

EINKAUFEN

Mineralien und Schmuck finden Sie in der *Freiberger Zinn- und Mineralienstube, Korngasse 3.* Im Kunsthandwerkhof *Goldener Adler, Burgstr. 19,* können Sie im Erdgeschoss und im ersten Stock verschiedenen Kunsthandwerkern bei der Arbeit über die Schulter schauen. Mo haben die Schauwerkstätten geschlossen. Reizvoll ist ein Bummel durch die Gerber-Passage, sie führt vom Untermarkt zur Meißner Gasse.

ÜBERNACHTUNG

Kreller
Eine gute Adresse, dazu auch noch in idealer Zentrumslage. *37 Zi., Fischerstr. 5, Tel. 03731/359 00, Fax 232 19, €€*

Silberhof
Moderner Hotelkomfort in ruhiger Zentrumslage. *30 Zi., Silberhofstr. 1, Tel. 03731/28 880, Fax 26 88 78, €€*

AM ABEND

Schauspiel, Oper und Musical bietet das *Mittelsächsische Theater, Borngasse 1–3.* Informationen zum Spielplan: *Tel. 03731/35 82 349.* ★ Konzerte im *Dom* auf den zwei Silbermann-Orgeln gehören zu den Höhepunkten, *Mai–Okt. Do 20 Uhr.* ♪ Disko im *Ballhaus Tivoli, Dr.-Külz-Straße,* und in der *Großdisko Absolom, Himmelfahrtsgasse.*

AUSKUNFT

Freiberg-Information
Burgstr. 1, 09599 Freiberg, Tel. 03731/194 33, Fax 27 32 60, E-Mail touristinfo-freiberg@abo.freie presse.de

ZIELE IN DER UMGEBUNG

Oederan   (111/F 3)
Freiluftausstellung »Klein Erzgebirge«: Etwa 80 der schönsten und historisch interessantesten Bauwerke des Erzgebirges auf einem Fleck – in Miniaturnachbildung. *April, Mai, Sept., Okt. tgl. 10 bis 18 Uhr, Juni tgl. 9–19 Uhr, Juli Aug. tgl. 9–20 Uhr, Stadtpark*

Tharandter Wald   (112/C 2)
Einst als schönster Wald Sachsens gerühmt. In der Mitte des geschlossenen Waldgebietes von 6000 ha Größe das zum Kurort Hartha gehörende *Jagdschlösschen Grillenburg* mit einer jagd- und forstwirtschaftlichen Lehrschau. *Di–So 10–17 Uhr.* Im 18 ha großen *Forstbotanischen Garten* wachsen 2000 verschiedene Gehölze und Sträucher, auf 10 km langen Wegen können Sie spazieren. *April–Okt. Mi, Do, Sa–Mo 8–17 Uhr.* Der Garten entstand mit der 1811 gegründeten Forstlehranstalt, aus der fünf Jahre später die Königlich-Sächsische Forstakademie hervorging. Gründer war Heinrich Cotta (1763–1844), der »Vater der Forstwissenschaften«. Im 1842 als Vorlesungssaal erbauten *Schweizerhaus* in Tharandt wird

eine Forstbotanische Ausstellung gezeigt. *April–Okt. Sa–Do 13.30 bis 15.30 Uhr.* Die Ruine der alten Burg, die malerisch über Tharandt thront, stammt aus dem 13. Jh. »Heilige Hallen« tauften die Romantiker den Rotbuchenwald am Hang des Weißeritztales oberhalb von Tharandt.

ZWICKAU

(**110/A-B 5-6**) Der Silber- und später dann der (1977 eingestellte) Steinkohlenbergbau haben in dem wirtschaftlichen und geistig-kulturellen Zentrum Westsachsens eindrucksvolle kontrastierende Spuren hinterlassen: gewaltige Abraumhalden am Stadtrand und prachtvolle Bauten im Zentrum. Denn der Bergbau führte Zwickau (102 000 Ew.) zu wirtschaftlicher und kultureller Blüte. Philipp Melanchthon, der Mitstreiter Luthers, urteilte 1548: »In Kunst und Wissenschaft übertrifft Zwickau alle Städte dieser Lande.« Ganz so ist es heute nicht mehr, denn die anderen haben mächtig nachgezogen, und Zwickaus Glanz verblasste in den Jahrhunderten nach Melanchthon. Kunst und Wissenschaft sind aber dennoch bedeutend. Tradition besitzt Zwickau auch im Automobilbau, der 1904 mit Horch und 1909 mit Audi begann und den VW im nahen Mosel fortsetzt. ❧ Vom Fernblick im Nordwesten der Stadt (Werdauer Straße) haben Sie einen schönen Rundblick auf Zwickau.

BESICHTIGUNGEN

Dom St. Marien
Obwohl Zwickau nie Bischofssitz war, wird Zwickaus Hauptpfarrkirche Dom genannt. Der aufwändigste und reichste Bau obersächsischer Spätgotik schmückt sich mit einer wertvollen Ausstattung. Prachtstück sind der spätgotische Kunigunden-Altar (1479) und die Pieta, das um 1502 geschaffene Hauptwerk des bekannten Zwickauer Bildschnitzers Peter Breuer. Vor den Baumeistern der Vergangenheit muss respektvoll der Hut gezogen werden: Unter dem Dom hinterließ der Steinkohlebergbau Hohlräume von mehr als 16 m Höhe, was zu starken Bodensenkungen führte. Von 1902 bis 1966 sind es etwa 3,50 m, was jedoch bis heute erstaunlicherweise zu keinen nennenswerten Schäden an dem Bauwerk führte. ❧ Vom Turm geht der Blick weit hinaus ins Zwickauer Land. Die Priesterhäuser am Domhof, deren ältesten Teile aus dem 13. Jh. stammen, haben bis heute ihre spätmittelterliche Baugestalt erhalten.

Hauptmarkt
Ein großartiges Beispiel mittelalterlicher Städtbaukunst. Im Haus der Tuchmacher (1522–25), *Gewandhaus* genannt, spielt seit 1823 das *Stadttheater.* Daneben steht das *Rathaus,* das 1866/67 seine neugotische Fassade erhielt. Zu den sehenswerten Häusern gehören das als Gedenkstätte eingerichtete *Geburtshaus von Robert Schumann* (Nr. 5), das durch den Staffelgiebel nicht zu übersehende *Kräutergewölbe* aus den Jahren um 1500 (Nr. 17/18) sowie das *Dünnebierhaus* von 1480 (Nr. 26). Als Sehenswürdigkeit gilt auch das 1967/68 originalgetreu wieder aufgebaute Schiffchen von 1485 in der Münzstr. 12.

ERZGEBIRGSVORLAND

Katharinenkirche
Berühmtester Prediger war der Reformator Thomas Müntzer 1520/21. Der große Altar (1517) stammt aus der Werkstatt von Lucas Cranach d. Ä., den »Auferstandenen Christus« (1497/98) am nördlichen Chorpfeiler fertigte der Zwickauer Bildschnitzer Peter Breuer. *Katharinenstraße*

Lehrpfad
17 Informationstafeln stehen an Stätten des 1977 eingestellten Steinkohlebergbaus. Der Lehrpfad beginnt am Bergbaudenkmal an der Schedewitzer Brücke und endet am Forst-Schacht nahe der Unteren Kohlenstraße. Eine Kurzbeschreibung des Lehrpfades mit Plan gibt es kostenlos in der Tourist-Information.

Robert-Schumann-Denkmal
Wie eine Schachfigur haben die Zwickauer das Denkmal ihres berühmtesten Sohnes in der Stadt herumgeschoben: 1901 wurde die überlebensgroße Bronzeplastik auf dem Hauptmarkt enthüllt, 1938 wuchtete man sie in die Nähe des Kornmarktes, 1948 in die Grünanlagen am Schwanenteich. 1993 transportierte man den Komponisten wieder in die historische Altstadt zurück. Ob er bei Ihrem Besuch noch zwischen Hauptmarkt und Altem Steinweg sitzt?

MUSEEN

Automobilmuseum August Horch
Zwickau schrieb Automobilgeschichte, so durch die Siege der legendären Rennfahrer Bernd Rosemeyer und Hans Stuck in den Dreißigerjahren, deren Autos in Zwickau gebaut wurden. Zu sehen ist auch das letzte stinkende DDR-Zweitaktauto Trabant, 1991 vom Band gerollt. *Di, Mi, Do 9–12, 14–17 Uhr, Sa, So 10 bis 17 Uhr, Walter-Rathenau-Str. 51*

Robert-Schumann-Haus
Das Geburtshaus von Robert Schumann musste 1955/56 wegen Baufälligkeit abgerissen werden. An gleicher Stelle wurde es mit der originalen Fassade wieder aufgebaut. Sie finden dort Informationen über das Leben und Werk des Komponisten und seiner Frau Clara, geborene Wieck, einer seinerzeit berühmten Pianistin. Schumanns Schreibtisch und der Flügel, an dem die neunjährige Clara bei ihrem ersten Auftritt im Leipziger Gewandhaus 1828 gespielt hat, gehören zu den wertvollsten Exponaten. *Di–Fr 10–17 Uhr, Sa, So 13–17 Uhr, Hauptmarkt 5*

Städtisches Museum
Stadtgeschichte, Malerei, Grafik und Plastik vom 16. bis zum 20. Jh. Das Bauwerk mit zentralem Kuppelbau und symmetrisch gestalteten Seitenflügeln entstand 1912–14 als Museum, Sachsens König Friedrich August weihte es ein. *Di–Fr 9–17 Uhr, Sa, So 10 bis 17 Uhr, Lessingstr. 1*

RESTAURANTS

Brasserie Kloster's
Neues gastronomisches Kleinod mit französisch orientierte Küche in historischem Bauwerk. *Kloster Str. 1, Tel. 0375/271 48 95, €€*

Drei Schwäne
Gemütliches kleines Restaurant, in dem eine viel gelobte französische Küche serviert wird. *Garten-*

str. 1 (Stadtteil Schedewitz), Tel. 0375/204 76 50, €€€

Ringkaffee
Zuschauküche im Büffetrestaurant, im alten Kellergewölbe entstand der rustikale Ringkeller. *Dr.-Friedrichs-Ring 21 a, Tel. 0375/ 21 25 96,* €€

Zur Grünhainer Kapelle
Im schönen mittelalterlichen Flair erwartet den Gast eine große Auswahl vor allem regionaler Gerichte. *Peter-Breuer-Str. 3, Tel. 0375/204 82 55,* €€

Zur Waldschänke
Traditionsreiche Gaststätte außerhalb des Zentrums auf dem Windberg, großer Bier- und Speisegarten. *Königswalder Str. 12, Tel. 0375/52 37 98,* €€

EINKAUFEN

Wer zum Shopping gehen möchte, sollte nach Zwickau fahren. Denn keine andere Stadt in dieser Region wartet auf engem Raum mit so vielen hübschen Geschäften und kleinen Warenhäusern auf. Das Zentrum voller Altbauten lädt zum Bummeln, *Äußere- und Innere Plauensche Straße, Hauptstraße* und *Hauptmarkt* sind Zwickaus beliebteste Adressen. In der Galerie am Domhof, *Domhof 2,* können nicht nur Kunstfreunde fündig werden.

ÜBERNACHTUNG

Achat
Modernes Haus zum Wohlfühlen; Hotel und Boardinghaus. *63 Apartments, 146 Zi., Leipziger Str. 180, Tel. 0375/87 20, Fax 87 29 99,* €€€–€€

Etap-Hotel
Preiswerter als hier – und dennoch mit Dusche/WC und Fernseher im Zimmer – kann man in keinem anderen Hotel übernachten. *62. Zi., 08129 Crossen (vor den Toren Zwickaus im Gewerbepark, direkt am Autobahnzubringer nach Zwickau), Tel. 0375/47 58 86,* €

Holiday Inn
Im Herzen der Altstadt liegt dieses angenehme Hotel. *127 Zi., Kornmarkt 9, Tel. 0375/279 20, Fax 279 26 66,* €€€–€€

Park Eckersbach
Familiengeführtes modernisiertes Haus. *16 Zi., Trillerplatz 1, Tel. 0375/47 55 72, Fax 47 58 01,* €€

SPIEL UND SPORT

Imponierend: die 92,5 m lange Wasserrutsche im Strandbad Planitz. – Bei schönem Wetter beleben Ruderboote den Schwanenteich im Herzen der Stadt, dessen gepflegte Grünanlagen Jogger und Spaziergänger mögen. Nach umfassender Restaurierung öffnete wieder das *Johannisbad, Johannisbadstr. 16,* ein wunderschönes Jugendstilbad.

AM ABEND

Schauspiel, Oper und Operette stehen auf dem Spielplan des *Zwickauer Theaters, Hauptmarkt.* Das *Theater in der Mühle, Dr.-Friedrichs-Ring,* bietet neue Stücke, ungewöhnliche Bühnenlösungen und zeitkritische Themen. Hinter dem Namen *Konzert- und Ballhaus Neue Welt* verbirgt sich der größte, noch im Original erhaltene Jugendstilsaal Sachsens, *Leipziger Str. 182.* Disko-Treff am

ERZGEBIRGSVORLAND

Abend: *Fun & Tanzcafé Lollipop*, Oskar-Arnold-Str. 14, und *Zungenkuss*, Leipziger Str. 180

AUSKUNFT

Tourist Information Zwickau
Hauptstr. 6, 08056 Zwickau, Tel. 0375/194 33, Fax 29 37 15, E-Mail info@zwickau-info.de

ZIELE IN DER UMGEBUNG

Blankenhain (109/E 4–5)
★ Das einstige Leben der Dorfbevölkerung wird im Agrar- und Freilichtmuseum Schloss Blankenhain mit Bäckerei, Schule, Windmühle, Bierbrauerei und Bauernhöfen anschaulich dargestellt. *Mai–Mitte Okt. tgl. 9–18 Uhr, Mitte Okt.–Mitte Nov. und Mitte Feb.–April Di–So 9–17 Uhr*

Glauchau (110/B 4)
Die barocke St.-Georg-Kirche schmückt sich mit einer Orgel von Gottfried Silbermann. Das Schloss Hinterglauchau, erbaut um 1480, beherbergt ein Museum und eine Kunstsammlung mit Malern u. a. des Expressionismus. Sonderausstellungen über die Weber. *Di 9–12, 13–17 Uhr, Fr–So 14–17 Uhr*. In der *Sächsischen Stube* des Hotels Wettiner Hof werden regionale Gerichte serviert. *Wettinerstr. 13, Tel. 03763/50 20, €*

Hirschfeld (115/F 1)
»Die grüne Oase unweit von Zwickau«, so wird der *Tierpark Hirschfeld* gern genannt. Rund 600 Tiere in etwa 100 Arten tummeln sich auf dem 18 ha großen Gelände. *Tgl. 9–18 Uhr, im Winter bis 17 Uhr*. Proviantbeutel müssen nicht mitgenommen werden, Hunger und Durst lassen sich in der *Gaststätte Bärenschänke* stillen. *Im Tierpark, Tel. 037607/52 39, €*

Lichtenstein (110/C 5)
Bauwerke und Denkmäler aus fünf Kontinenten sind in der Miniwelt zu sehen – der Eiffelturm ebenso wie die Akropolis und die Seebrücke in Sellin auf Rügen. *Mitte April–Okt. tgl. 9–19 Uhr*. Im Schlosspalais öffnet ab Mitte 2001 ein Holzbildhauer-Centrum, in dem etwa 600 Exponate aus Afrika, Europa und Nordamerika zu sehen sind.

Oelsnitz (110/C 5)
Der 51 m hohe Förderturm weist den Weg zum *Bergbaumuseum*. Es entstand auf dem Gelände des Kaiserin-Augusta-Schachtes, vor dem Zweiten Weltkrieg der modernste im Zwickau-Oelsnitz-Lugauer-Steinkohlerevier. Unter Tage können 400 m nachgebaute Strecken besichtigt werden. *Führungen (2 Std.). Di–So 9–16 Uhr, Pflockenstr. 28*

Werdau (110/A 5)
Zwei Attraktionen besitzt das Stadt- und Dampfmaschinenmuseum: eine noch funktionstüchtige und vorführbare 600 PS-Dampfmaschine, die von 1899 bis 1941 Spinnereimaschinen antrieb, und die einzige *Museumsgartenbahn* im Osten Deutschlands, eine Modellbahnanlage mit 300 m langen Gleisen im Maßstab von 1 : 20. *Mo, Mi, Do 9–16 Uhr, Mai–Okt. auch So 10–16 Uhr, Holzstr. 2*. Ein Schmuckstück von Hotel entstand mit dem *Katharinen-Hof* in einer Fabrikantenvilla von 1906: *18 Zi., Katharinenstr. 18, 08412 Werdau, Tel. 03761/55 19, Fax 36 01, €€–€.*

VOGTLAND

Sanfte Höhen, liebliche Täler

Über das »achte Weltwunder« in den klingenden Musik- und stillen Bäderwinkel

Die sanftwellige Landschaft hält manche Perle bereit: im thüringischen Teil den Landschaftspark von Greiz mit einem eigenwillig geformten See und im sächsischen die Vogtländische Schweiz mit den Tälern der Weißen Elster und der Trieb. Flüsse und Bäche haben sich im Vogtland meist tief in die Täler eingeschnitten, gewaltige Brücken waren erforderlich, sie zu überspannen. Zwischen Greiz und Mylau schwingt sich die größte aus Ziegelsteinen erbaute Eisenbahnbrücke der Welt über das Tal der Göltzsch, die lange Zeit den Beinamen »das achte Weltwunder« trug. Im Musikwinkel mit Klingenthal, Markneukirchen, Schöneck und weiteren anderthalb Dutzend Ortschaften kann in Werkstätten Instrumentenbauern über die Schulter geschaut werden. Ihre Fingerfertigkeit stellten diese mit spielbaren Miniaturgeigen unter Beweis, von denen mehrere auf einer Handfläche Platz finden.

Vogtländisches Meer wird die Talsperre Pöhl von Wassersportlern gern genannt

Zu sehen sind sie im Markneukirchener Musikinstrumentenmuseum.

An warmen Sommertagen tummeln sich Tausende an den Stauseen Pirk und Pöhl. Kleine Fahrgastschiffe kreuzen auf der blauen Fläche, der Wind bläht die weißen Segel der Jollen, blumengeschmückte Wiesen verbreiten friedliche Atmosphäre. Im Winter dagegen, wenn der Schnee stiebt, locken die verschneiten Hänge des Aschberggebietes und die dunklen Fichtenwälder um Schöneck, Schnarrtanne und Beerheide mit weißer Pracht. Wer sich im Sommer beim Baden und im Winter beim Skifahren erkältet, kann gleich weiterfahren in den stillen Bäderwinkel nach Bad Elster oder Bad Brambach, den beiden traditionsreichen sächsischen Staatsbädern, die unzähligen Kranken schon Linderung oder Heilung brachten.

BAD ELSTER

(115/E5) ★ Bekanntestes und größtes Heilbad in Sachsen (4500 Ew.). Beneidenswert schön ist die Lage im Tal der Weißen Elster!

Prunkvolle Bauten und Anlagen im Stil der Gründerjahre prägen den 1848 zum Königlich-Sächsischen Staatsbad erhobenen Ort. Vieles erinnert noch an die Zeit, als Angehörige des sächsischen Königshauses in Elster promenierten. Behandelt werden vor allem Erkrankungen des Herz-Kreislauf-Systems, Frauenleiden und Rheuma. Angenehm bummelt es sich in den Parkanlagen, vor allem Ende Mai zur Rhododendronblüte. Kurmusik gibt es in Bad Elster bereits seit 1817. »Was das Wasser für den Leib, soll die Musik für die Seele tun.« So wurde die Bildung der Kurkapelle seinerzeit begründet.

BESICHTIGUNGEN

Kirchen

Mit 800 Plätzen gehört der Sakralbau (1892) zu den großen Kirchen im Vogtland. Auf der Orgel (1854 Pfeifen, 27 Register, 2 Manuale) finden Konzerte statt. *Mo–Fr 8–17 Uhr, Kirchplatz.* Auf dem Brunnenberg steht die schlichte Kreuzkapelle.

Kureinrichtungen

Das Kurhaus (1895) besitzt einen großen Konzertsaal, das benachbarte Kurtheater mit 500 Plätzen hat 1914 Sachsens König Friedrich August III. eröffnet. In mehreren Baustufen (1851–1927) ent-

Kurhaus Bad Elster – Flair der Jahrhundertwende

VOGTLAND

MARCO POLO TIPPS FÜR DAS VOGTLAND

1 Bad Elster
Wandeln auf königlichen Spuren in Sachsens bekanntestem und größtem Heilbad (Seite 73)

2 Vogtländisches Bauernmuseum
Wohnstallhaus im Egerländer Fachwerkstil und weitere Gebäude in Landwüst (Seite 76)

3 Göltzschtalbrücke
Die größte Ziegelsteinbrücke der Welt bei Mylau (Seite 79)

4 Musikinstrumentenmuseum
Instrumente aus allen Kontinenten in Markneukirchen (Seite 83)

5 Drachenhöhle Syrau
Wunderschöne Tropfsteinbildungen (Seite 88)

6 Talsperre Pöhl
Sommerlicher Tummelplatz für Wasserfreunde am Vogtländischen Meer (Seite 88)

---

stand das Badehaus – schauen Sie in den Flügel C, in dessen Treppenhalle Pfeiler und Säulen mit Meißner Jugendstil-Kacheln verziert sind; prachtvoll zeigt sich auch die mit reichem plastischem Schmuck versehene *Alberthalle* am Haupteingang sowie die Kuppelhalle des Flügels G. Im Obergeschoss blieb die Badekabine des sächsischen Königs im Original erhalten; König Friedrich August III. kurte mehrmals in Bad Elster. Am Badeplatz plätschert im Brunnentempel (1933/34) die Marienquelle. Die aus Elbsandstein erbaute Wandelhalle im Bauhausstil (1929) verbindet die Moritz- und die Salzquelle.

MUSEUM

Bademuseum
Interessantes und Amüsantes zur Geschichte des Badewesens, in dem 1342 erstmals urkundlich erwähnten Ort. Ein Gemälde zeigt den Badeplatz, wie er um 1849 ausgesehen hat. *In der Wandelhalle, Di–Sa 14.30–18 Uhr*

RESTAURANT/CAFÉS

Badecafé
Beliebter Treff der Kurgäste. *Am Badeplatz, Tel. 037437/579 90, €€*

Café Waldquelle
400 m vom Badeplatz im Wald. Kuchen aus eigener Herstellung und handfeste Speisen. *Tel. 037437/34 52, €*

Mühlen-Keller
Schauküche und beachtliche Weinauswahl, die Spezialität: Steaks vom Lavagrill. *Johann-Christoph-Hilf-Str. 27 (im Apart-Hotel Obere Mühle), Tel. 037437/567 89, €€*

Sachsenhofstüb'l
Nette Atmosphäre. *Badstr. 21, Tel. 037437/341 76 79, €€*

ÜBERNACHTUNG

Apart-Hotel Obere Mühle
Ruhige Lage, 16 unterschiedlich eingerichtete Zimmer. *Johann-Christoph-Hilf-Str. 27, Tel. 037437/567 89, Fax 567 50,* €

Goldener Anker
Modernisiertes Haus direkt am Gondelteich. *26 Zi., Walter-Rathenau-Str. 9, Tel. 037437/55 80, Fax 558 66,* €

Kurheim Haus Linde
Liebevoll geführte Pension mit behaglicher Atmosphäre in ruhiger Lage und dazu in Waldnähe. *8 Zi., Beuthstr. 1, Tel./Fax 037437/34 43,* €

Parkhotel Helene
Am Albertpark gelegenes, nettes Hotel. *25 Zi., Parkstr. 33, Tel. 037437/500, Fax 50 99,* €

SPIEL UND SPORT

Das Bewegungsbad mit über 600 m² Wasserfläche und Temperaturen zwischen 28 bis 38 °C bietet als Attraktionen Whirlpool, Massagedüsen, Strömungskanal und Außenbecken. Bad Elster ist ideal für Spaziergänger. Rund um die Stadt verläuft der 18 km lange Ringweg, zu dem spinnennetzartig andere Wege führen. Die Terrainkurwege haben eine Länge von etwa 48 km. Am Gondelteich können Ruder- und Tretboote ausgeliehen werden. Tennisplätze sind vorhanden.

AM ABEND

Die Chursächsische Philharmonie (das Orchester der Staatsbäder Bad Elster und Bad Brambach) widmet sich vor allem Werken der Wiener Klassik und der frühen deutschen Romantik. Das Kurtheater bietet ein vielseitiges Programm.

AUSKUNFT

Bad Elster-Information
Lindenstr. 7 (Haus Baden), 08645 Bad Elster, Tel. 037437/53 93 93, Fax 53 93 94, E-Mail Info@bad-elster.de

ZIELE IN DER UMGEBUNG

Bad Brambach (115/E 6)
Mit 2270 Mache-Einheiten je Liter gehört die Radonquelle zu den stärksten Radiumquellen der Welt. Von 1945-57 nutzte die Sowjetarmee das Bad als Sanatorium, in dieser Zeit wurde die Eisenquelle mit Marmor aus Hitlers Reichskanzlei in Berlin neu gefasst. In Brambach, das 1912 den Kurbetrieb aufnahm, werden vor allem rheumatische, Herz-, Kreislauf- und Gefäßerkrankungen behandelt.

Landwüst (115/F 5)
★ Wie lebten einst Bauern und Dorfhandwerker im Vogtland? Antwort gibt das *Vogtländische Freilichtmuseum.* Den Mittelpunkt bildet ein Wohnstallhaus (1782) im Egerländer Fachwerkstil. *Di-So 8.30-17 Uhr, Nov.-Jan. 10-16 Uhr, von Mai-Sept. fast jedes Wochenende Musik aus der Scheune.*
❈ Vom Museum sind es 500 m bis zum Wirtsberg, mit 664 m einer der besten Aussichtspunkte des Vogtlandes. Im Nachbarort *Eubabrunn* entsteht auf einer Fläche von 4 ha ein aus vier Gehöften bestehender zweiter Museumsteil (geöffnet wie Landwüst).

VOGTLAND

Raun (115/E 5)
Ein Kleinod der bäuerlichen Lebensweise und der Volksarchitektur. Das gesamte Dorf mit schönen Umgebindehäusern und der 1534 erstmals erwähnten Kapelle steht unter Denkmalschutz.

Schönberg (115/E 6)
Vom Aussichtsturm auf dem Kapellenberg blicken Sie weit in die Tschechische Republik. *Mai bis Okt. Sa–Do 10–17 Uhr.* Der Kapellenberg ist mit 759 m die höchste Erhebung des Elstergebirges, eines Höhenzuges zwischen dem Erzgebirge und dem Fichtelgebirge. Unmittelbar an der Staatsgrenze plätschert im Wald in einem steinernen Becken der Schönberger Sauerbrunnen, die südlichste vogtländische Mineralquelle. Schönberg ist Auto- und Eisenbahngrenzübergang zur Tschechischen Republik.

GREIZ

(115/D-E 1) Der schmückende Beiname »Perle des Vogtlandes« dürfte ein wenig übertreiben, das schlichtere »Park- und Schlossstadt« wird Greiz (28 500 Ew.) gerechter. Die einstige Residenz des Mini-Fürstentums Reuß ältere Linie weist als einziger Ort im Reisegebiet drei Schlösser auf: das nicht von innen zu besichtigende Obere Schloss, das zum Museum gewordene Untere Schloss und das Sommerpalais. Einer der reußischen Fürsten, die alle Heinrich hießen, gelangte über die Grenzen des Fürstentums hinaus zu Berühmtheit: Heinrich VI., der 1697 in der Schlacht bei Zenta als General des Prinzen von Savoyen gefallen war. In der Stadtkirche liegt er in einem vergoldeten Sarg.

BESICHTIGUNG

Greizer Park
Ein Schmuckstück der Landschaftsgestaltung ganz nach englischem Vorbild. Zahlreiche kostbare Bäume und Sträucher schmücken die weiträumige, etwa 60 ha große Anlage am rechten Ufer der Weißen Elster. Der See besitzt die Form eines Eichenblattes.

MUSEEN

Heimatmuseum
Informationen zur Geschichte des Fürstenhauses Reuß und der Stadt Greiz im Unteren Schloss. *Sa–Do 10–12.30, 13–17 Uhr, Burgplatz*

Sommerpalais
Das frühklassizistische Palais beherbergt die Staatliche Bücher- und Kupferstichsammlung, eine Stiftung des Hauses Reuß ältere Linie. Sehenswert ist auch das Satiricum, die größte Spezialsammlung zeitgenössischer Karikaturen im Osten Deutschlands. *Di–So 10–17 Uhr, Okt.–März bis 16 Uhr, Greizer Park*

RESTAURANTS

Schlosscafé Lebensart
Beliebter Treffpunkt im Unteren Schloss, preiswertes Essen, lockere Atmosphäre. Und als Zugabe: wechselnde Kunstausstellungen, oft Konzerte, Kleinkunstveranstaltungen. *Burgplatz, Tel. 03661/38 66, €*

Zapf-Werk 1/3
Fassbier-Schankanlage mit mehr als 40 Sorten, Steakhaus und Caribikbar. *Zeulenrodaer Str. 6, Tel. 03661/67 11 45, €€*

ÜBERNACHTUNG

Am Wald
Familiengeführtes Hotel in ruhiger Lage im Ortsteil Untergrochlitz. *13 Zi., Untergrochlitzer Str. 8, Tel. 03661/67 08 04, Fax 67 08 05,* €

Schlossberg Hotel
Direkt am Schlossberg, ruhig und verkehrsgünstig gelegen. *32 Zi., Von-Westernhagen-Platz, Tel. 03661/ 62 21 23, Fax 62 21 66,* €€

Jugendherberge
⋆ Auf dem Amselstieg oberhalb der Stadt. *92 Betten, Amselstieg 12, Tel. 03661/21 76, Fax 68 78 08,* €

AUSKUNFT

Greiz-Information
Burgplatz (im Unteren Schloss), 07973 Greiz, Tel. 03661/194 33, Fax 70 32 91, www.greiz.de

ZIELE IN DER UMGEBUNG

Bleilochtalsperre **(114/A 2–3)**
Deutschlands größtes künstliches Gewässer wird von Seglern, Surfern und Anglern sehr geschätzt; Badestellen gibt es in Saalburg und in Kloster, die allseits beliebten Motorschiff-Rundfahrten beginnen in Saalburg.

Die Göltzschtalbrücke ist das größte Ziegelsteinviadukt der Welt

VOGTLAND

Elsterberg (115/D 1)
Im Zentrum der Stadt (5600 Ew.) erhebt sich die größte Burgruine des Vogtlandes. Von dem spätromanischen Bauwerk blieben Teile des Palas – des Hauptgebäudes – und die Wehrmauern mit drei Türmen erhalten.

Göltzschtalbrücke (115/D 1)
★ Die größte Ziegelsteinbrücke (1846–51) der Welt wurde lange Zeit mit dem Beinamen »Achtes Weltwunder« bedacht. 26 Mio. Steine wurden damals für die 78 m hohe und 574 m lange Eisenbahnbrücke bei Mylau vermauert. Schwindelfreie Besucher können einen unvergleichlichen Blick auf das Bauwerk werfen: Direkt an der Brücke ist neuerdings ein Gasfesselballon installiert, mit dem maximal 30 Personen alle 15 Min. rund 150 m in die Luft steigen. Mit 32 m Höhe und einem Durchmesser von 22 m gehört der Ballon zu den größten seiner Art. Wann der Ballon startet, können Sie bei der Tourismus- und Verkehrszentrale erfahren: *Tel. 03744/19 449.*

Kuhberg (115/D 1)
Drei Anziehungspunkte hat der 511 m hohe Berg südöstlich von Greiz vorzuweisen: einen Aussichtsturm (21 m hoch), zwei Garten-Modelleisenbahnen und die Gaststätte *Kuhbergbaude. Mo, Di geschl., Tel. 03765/341 25, €.* Die Straße zum Kuhberg zweigt im Dorf Brockau ab, vom Parkplatz sind es etwa 700 m Fußweg bis zum Gipfel.

Mylau (115/E 1)
Schon Kaiser Karl IV. war durch das Tor der besterhaltenen Burg des sächsischen Vogtlandes geriten. Das Museum in dem alten Gemäuer beherbergt eine wertvolle naturkundliche Sammlung. *Di–So 10–16 Uhr, Nov.–Jan. nur Sa, So 10–16.30 Uhr.* Mit der Silbermannorgel (1730/31) in der Stadtkirche am Markt besitzt Mylau eine weitere Attraktion.

Reichenbach (115/E 1)
Geburtsort der vor allem Freunden der Theatergeschichte bekannten »Neuberin« (1697 bis 1760). Die im Haus *Johannesplatz 3* in Reichenbach geborene Friederike Caroline Neuber reformierte als Schauspielerin und Prinzipalin einer Wandertruppe das Theater ihrer Zeit. Das Geburtshaus wurde zum *Neuberin-Museum, Di–Fr 10–16, So 13–16 Uhr.* In der Stadtkirche St. Peter und Paul können Sie in Konzerten den Klängen einer Silbermannorgel lauschen. Der 1927 unter Bauhaus-Einfluss errichtete Wasserturm wurde zum Wahrzeichen der Stadt (24 200 Ew.).

Zeulenroda (114/C 1)
Einem italienischen Palazzo ähnelt das Rathaus der Stadt (14 000 Ew.). Kaum zu glauben: Der Entwurf stammt von keinem Profi, sondern vom heimischen Strumpfwarenverleger Schopper. Zeulenroda gehörte im 19. Jh. zu den Strumpfwirkerzentren Deutschlands, eine Strumpfwirkerstube zeigt das *Städtische Museum. Mo–Fr 9–16, So 13–16 Uhr, Aumaische Str. 30.* Im Stadtzentrum steht das *Hotel Goldener Löwe,* das Restaurant wartet mit Thüringer Spezialitäten auf, *32 Zi., Kirchstr. 15, 07937 Zeulenroda, Tel. 036628/601 44, Fax 601 45, €€.* Das tgl. geöffnete Wasserfreizeitparadies *Aqua-Pla-*

net Waikiki bietet original hawaiisches Ambiente mit üppiger Tropenbepflanzung. Anreise von Greiz durch die Stadt in Richtung Gera.

Vogtländische Schweiz (115/D 1–2)
Landschaftlich reizvolles Gebiet, das nahe Elsterberg beginnt und nördlich von Plauen beim Lochbauernhof endet. Ein Paradies für Wanderfreunde sind die engen, schluchtenartigen Täler der Trieb und der Weißen Elster.

KLINGENTHAL MIT MÜHLLEITHEN

(116/A 4) Der zu Klingenthal (12 000 Ew.) gehörende Aschberg und der 6 km entfernte Ortsteil Mühlleithen haben den Ruf des Ortes als Wintersportzentrum begründet. Vom 1999 eingeweihten Otto-Hermann-Böhm-Turm (147 Stufen, kein Fahrstuhl) auf dem Aschberg haben Sie einen weiten Blick. Der 935 m hohe Gipfel, über den die Staatsgrenze verläuft, liegt auf tschechischem Gebiet. Klingenthal, das kein richtiges Zentrum hat, da der Ort einst als Streusiedlung entstand, weist Höhenunterschiede von 550 bis 930 m auf. Der Name der neuen Stadthalle »Klingenthaler Musikantenbaude« ist Programm: Geboten werden viele volkstümliche Veranstaltungen.

BESICHTIGUNGEN

Schaumanufaktur Akordeonbau
Sie dürfen bei der handwerklichen Fertigung von Akkordeons zuschauen. Zu sehen ist auch die älteste Geigenmacherwerkstatt der Gegend (Ende 19. Jh.). *Führungen (Dauer ca. 1 Std.) Mo–Do 8, 9.30, 11, 12.30, 14 Uhr, Fr 8, 9.30 Uhr. Falkensteiner Str. 31*

Skisport-Ausstellung
Informationen über Weltmeister und Olympiasieger aus dem Aschberggebiet. Viele Pokale und Medaillen. *Tgl. 10 bis 16 Uhr, Floßgrabenweg 1 (in Mühlleiten)*

Tierpark
Mit 700 kg Körpergewicht gibt es hier den größten Grizzlybären Deutschlands und rund 500 weitere Tiere. *Mai–Sept. tgl. 9–18 Uhr, Okt.–April 9 Uhr bis Einbruch der Dunkelheit, Richard-Wagner-Höhe*

Rundkirche Zum Friedefürsten
Über einen achteckigen Grundriss errichteter Zentralbau (1737); das größte Gotteshaus dieser Art in Sachsen.

Die Marco Polo Bitte

Marco Polo war der erste Weltreisende. Er reiste in friedlicher Absicht, verband Ost und West. Er wollte die Welt entdecken, fremde Kulturen kennen lernen, nicht zerstören. Könnte er für uns Reisende nicht Vorbild sein? Aufgeschlossen und friedlich sollte unsere Haltung auf Reisen sein. Dazu gehören auch Respekt vor Mensch und Tier und die Bewahrung der Umwelt.

WWF

VOGTLAND

Verspottete Skifahrer

1886 erschien der Klingenthaler Lehrer Beck beim Stellmacher mit einem Prospekt aus Norwegen, um sich ein Paar der dort abgebildeten Skier anfertigen zu lassen. Viele spotteten oder lächelten in den folgenden Jahren über jene, die sich wie der Lehrer Beck Bretter unter die Schuhe banden und hurtig über die weiße Pracht glitten. Langsam setzten sich die Skier aber durch, so war in der Klingenthaler Zeitung vom 22. Januar 1895 zu lesen: »Der Briefträger, welcher die Strecke Schöneck–Schilbach-Mariney besorgt, hat sich mit Schneeschuhen versehen und diese Art der Postbeförderung als außerordentlich fördernd bezeichnet.« In Mühlleithen sollen erstmalig 1907 Skiläufer aus Plauen aufgetaucht sein, bereits zwei Jahre später fand die Gründung des Wintersportvereins in Klingenthal statt.

MUSEUM

Musik- und Wintersportmuseum
Vielseitiges Haus: Ausstellungen zum Geigenbau, der Harmonikaproduktion und dem Wintersport. *Schlossstr. 3, Di–Fr 10–16 Uhr, Sa, So 11–16 Uhr*

RESTAURANT

Schöne Aussicht
Berggasthof in fast 900 m Höhe, mit typischen Speisen und hausgebackenem Brot. *Aschbergstr. 19, Tel. 037467/202 81, €*

ÜBERNACHTUNG

Ferienhotel Mühlleithen
Vor die Tür treten, Skier anschnallen, und es kann losgehen. *25 Zi., Waldstr. 4, Tel. 037465/22 01, Fax 22 02, €*

Waldgut am Aschberg
Im Bauernstil eingerichtete Zimmer, von denen auf der Westseite wunderschöner Blick. *30 Zi., Goethestr. 1, Tel. 037467/56 60, Fax 566 40, €*

Zur Post
Familiengeführtes Hotel mit Sauna und Fitnessraum in zentraler Lage. *21 Zi., Poststr. 3, Tel./Fax 037467/221 08, €*

Jugendherberge
⚑ Auf dem Aschberg direkt an der Grenze zur Tschechischen Republik, bis zum Stadtzentrum 7 km. *122 Betten, Grenzweg 22, Tel. 037467/220 94, Fax 220 99, €*

SPIEL UND SPORT

40 km gespurte Loipen, drei Skilifte und die Kunsteisbahn Brunndöbra. In Mühlleithen gibt es eine 800 m lange Sommerrodelbahn. *Mo–Fr 13–17 Uhr, Sa, So, 10–18 Uhr bzw. bis zum Eintritt der Dunkelheit (nicht bei Regen und Schneefall).* Freibäder im Dürrenbachtal und in Brunndöbra.

AUSKUNFT

Tourist-Information
Schlossstr. 3, 08248 Klingenthal, Tel. 037467/648 32, Fax 648 25, E-Mail Touristinformation-Klingenthal@t-online.de

ZIELE IN DER UMGEBUNG

Morgenröthe-Rautenkranz (116/A 3)
1978 startete das sowjetische Raumschiff Sojus 29 in den Weltraum. An Bord waren der Russe Waleri Bykowski und als erster Deutscher der Vogtländer Dr. Sigmund Jähn. Im Geburtsort des Kosmonauten Jähn entstand im ehemaligen Bahnhofsgebäude die *Deutsche Raumfahrtausstellung*. *Di–So 10–17 Uhr.* Der hier geplante, futuristische »Raumfahrtpark Vogtland« soll eine Mischung aus wissenschaftlicher Ausstellung und Erlebnispark werden.

Muldenberg (115/F 3)
Großen Spaß bereitet das Schauflößen in den Sommermonaten. *Termine: Tel./Fax 037465/67 61.* Gemütlich ist es im *Hotelgasthof Flößerstube*. 11 Zi., Klingenthaler Str. 3–4, 08269 Muldenberg, Tel. 037465/67 64, Fax 60 40, €€

Schneckenstein (115/F 3)
Europas einziger frei stehender Topasfelsen südwestlich von Tannenbergsthal. Die schönsten der weingelb gefärbten Edelsteine zieren die Krone der englischen Königin oder funkeln im Grünen Gewölbe zu Dresden. *April–Okt. tgl. 8.30–17 Uhr.* Ein Erlebnis ist die 45 Min. dauernde Führung im nahen Besucherbergwerk *Grube Tannenberg,* 1600 m geht es in den Berg. *Di–Fr 10, 11.30, 13, 14.30 Uhr, Sa, So auch 15.30 Uhr.* Warme Kleidung nicht vergessen, die Temperatur liegt bei maximal 5 °C.

Schöneck (115/E-F 4)
Balkon des Vogtlandes wird die Stadt (4000 Ew.) genannt. Das Blickfeld vom Aussichtsfelsen Alter Söll im Zentrum beträgt ca. 2000 km^2. Die mit 700 bis 800 m höchstgelegene Stadt des Vogtlandes bietet gute Wintersportbedingungen. Auf einer Anhöhe am Ortsrand liegt der *IFA Ferienpark Hotel Hohe Reuth*, eine Ferienanlage mit 337 Hotelzimmern und Ferienwohnungen, Badelandschaft und Kegelbahnen, in der es sehr lebhaft zugeht. 08261 Schöneck, Tel. 037464/30, Fax 310 00, €€

Wernesgrün (115/F 2)
Das Bierdorf des Vogtlandes! Seit 1436 wird hier gebraut. Das Wernesgrüner Pils ist mittlerweile nicht mehr nur in den neuen Bundesländern ein Begriff. Denn aus der Biertenne der Brauerei wird jeden Monat die »Wernesgrüner Musikantenschänke« über die 3. Programme der ARD ausgestrahlt. In der gemütlichen Brauschenke gibt es regionale Küche und natürlich Wernesgrüner. *Bergstr. 4, Tel. 037462/613 11,* €€

MARKNEUKIRCHEN

(115/E-F 5) Seit über 300 Jahren werden in der von waldreichen Bergen umgebenen Stadt (7000 Ew.), im Volksmund *Neiking* genannt, Musikinstrumente hergestellt. In vielen Werkstätten können Sie zuschauen, wie Meisterinstrumente entstehen. Herrliche Bürgerhäuser sind Zeugen für den Wohlstand der einstigen Musikinstrumentenverleger. In der Musikhalle musizieren das ganze Jahr über Orchester und Musikgruppen. Vom Aussichtsturm Bismarcksäule auf dem Oberen Berg (620m) haben Sie einen einzigartigen Rundblick über Stadt und Land.

VOGTLAND

MUSEUM

Musikinstrumentenmuseum
★ Fast 2 m hoch ist das Piano-Akkordeon, dessen 125 Tasten und 360 Bässe einst die sechs Tanzgirls der englischen Gruppe Doorlay spielten. 1940 gaben sie das Riesenakkordeon in Klingenthal zur Reparatur, bis heute holten sie es nicht ab. Insgesamt besitzt das Museum über 2800 Instrumente aus aller Welt. *Di bis So, Feiertage 9–17 Uhr (Nov.-März bis 16 Uhr), Bienengarten 2*

ÜBERNACHTUNG/RESTAURANTS

Alpenhof
In ruhiger Lage 3 km nördlich von Markneukirchen, familiäre Atmosphäre. Und wie es sich für eine Musikstadt gehört: Jeden So um 18 Uhr blasen der Wirt und seine Familie zu dritt auf dem Alphorn die Woche aus. *9 Zi., Markneukirchner Str. 34, 08258 Breitenfeld, Tel. 037422/23 23, Fax 28 85, €*

Berggasthof Heiterer Blick
Gut geführter kleiner Gasthof, im Regionalstil eingerichtet. Am Nachmittag sollten Sie sich ein »Tipf'l« Kaffee und einen »Eadäpfelkung« bestellen (eine Tasse Kaffee und Kartoffelkuchen). *7 Zi., Oberer Berg 54, Tel. 037422/26 95, Fax 458 18, €*

SPIEL UND SPORT

Das ausgeschilderte Wanderwegenetz ist über 70 km lang, im Winter sind gespurte Loipen von 10 km Länge vorhanden. ⚐ An warmen Sommertagen bildet das Freibad mit seinem 10-m-Turm, Musikpavillon und Laubengang einen der Anziehungspunkte für Ausflügler aus der Region.

Markneukirchens Musikinstrumentenmuseum – ein wahrer Schatz von klangvollen Kostbarkeiten aus vielen Ländern der Welt

AUSKUNFT

Fremdenverkehrsbüro
Am Rathaus 2, 08258 Markneukirchen, Tel. 037422/411 43, Fax 411 49, E-Mail Stadt.mkn@t-online.de

ZIELE IN DER UMGEBUNG

Adorf (115/E 4)

Eine Kette aus 177 Perlen gehört zu den Kleinoden im Dresdner Grünen Gewölbe. Entnommen wurden die Perlen vogtländischen Flussperlmuscheln. Über die der sächsischen Krone vorbehaltenen Perlenfischerei informiert das *Heimatmuseum* im Freiberger Tor. *Di–Fr 9–12 Uhr, 13–17 Uhr, Sa 10–12, 13–16 Uhr, So 13–16 Uhr*

Badespaß für die ganze Familie bietet das *Waldbad* mit Schwimmhalle und einem Kanal zum beheizten Außenbecken, Strömungskreisel u. v. a. In der Nähe entstand die *Miniatur-Schauanlage Klein-Vogtland*, die originalgetreu mehr als 50 der bekanntesten vogtländischen Ausflugsziele als Modell zeigt. Auf dem Gelände der Miniatur-Schauanlage befindet sich ein Botanischer Garten mit etwa 8000 Pflanzen, die ihre Heimat überwiegend im Hochgebirge haben. *April–Okt. tgl. 10–18 Uhr.*

PLAUEN

☞ **Stadtplan in der hinteren Umschlagklappe**

(115/D 2–3) Das wirtschaftliche und kulturelle Zentrum des Vogtlandes erstreckt sich entlang der Weißen Elster. Als Stadt der Spitzen wurde Plauen (67 000 Ew.) bekannt. Bereits 1900 eroberten die textilen Kostbarkeiten auf der Weltausstellung in Paris einen Grand Prix. Schwere Bombenangriffe in den letzten Monaten des

Das Alte Rathaus in der Spitzen-Stadt Plauen

VOGTLAND

Zweiten Weltkrieges zerstörten die Stadt, die von einem fast geschlossenen Waldgürtel umgeben ist, zu 75 Prozent. Die Wunden sind noch heute zu erkennen. Auf dem 432 m hohen Bärenstein am Stadtrand entstand 1997 nach mehr als fünf Jahrzehnten wieder der Aussichtsturm.

BESICHTIGUNGEN

Altes Rathaus
Viel bestaunt am schönen Renaissancegiebel wird die *Kunstuhr* von 1548. Jede Viertelstunde bewegen sich die beiden Löwen, beim Stundenschlag hebt der linke Mann seinen Stab, der rechte wackelt mit dem Bart.

Brücken
Zwei Brücken verdienen Aufmerksamkeit: Die seit dem 13. Jh. weitgehend unverändert gebliebene Elstertalbrücke, über die 1795 Goethe fuhr und 1812 und 1813 die Kutsche von Kaiser Napoleon rollte, sowie die das Syratal in einem 90-m-Bogen überspannende Friedensbrücke, die größte gemauerte Bruchsteinbogenbrücke Europas.

Parkeisenbahn Syratal
Kurz hinter der Friedensbrücke startet die Kleinbahn, die einzige ihrer Art in Deutschland mit elektrischer Oberleitung. Auf 600 Millimeter breiten Schienen rollt sie auf einer 1 km langen Doppelschleife durch schöne Landschaft. Den Bahnbetriebsdienst führen Kinder und Jugendliche durch, nur der Elektrolokführer und der Bahnhofsleiter sind Erwachsene. *Ostern–Okt. Di bis Fr 13–18.30 Uhr, Sa, So, Feiertage 10–18 Uhr*

Schauwerkstatt Plauener Spitzen
In einer 1902 in Betrieb genommenen Stickerei wird Plauener Spitze auf historischen Maschinen in traditioneller Technologie hergestellt. *Obstgartenweg 1, Mo bis Sa 10–17 Uhr*

St.-Johannis-Kirche
Ihre beiden 52 m hohen Türme mit den Barockhauben sind weithin sichtbar. Zu den Schmuckstücken gehört der um 1500 von einem unbekannten Meister gefertigte Flügelaltar. *Kirchstraße*

MUSEEN

Plauener Spitzenmuseum
Textile Kostbarkeiten aus Vergangenheit und Gegenwart. *Mo–Fr 10–17 Uhr, Sa 9–14 Uhr, Altes Rathaus (im Erdgeschoss, Eingang Altmarkt)*

Vogtlandmuseum
Geschichte, Kunst- und Naturkunde des Vogtlandes und der Stadt Plauen. Sein Domizil hat das Museum in drei prachtvollen Häusern, die sich Ende des 18. Jhs. zwei als »Fürsten von Plauen« bezeichnete Baumwollwarenhändler erbauen ließen. *Di bis So 10–16 Uhr, Nobelstr. 9–13*

RESTAURANTS/CAFÉ

Café Börner
Leckere Torten und Kuchen. *Postplatz (am Nonnenturm), Tel. 03741/22 12 80*

Das Wirtshaus in Plauen
Rustikale Atmosphäre, vorwiegend regionale Küche. Jeden So von 11.30–14.30 Uhr Familienbrunch. *Theaterstr. 7 (im Hotel Am Theater), Tel. 03741/12 10, €€*

Gastwirtschaft Matsch
Plauens älteste Gastwirtschaft, urig-gemütlich. *Nobelstr. 3-5, Tel. 03741/20 48 07, €*

Royal
First-class-Restaurant. *Bahnhofstr. 17 (im Hotel Alexandra), Tel. 03741/22 67 47, €€€*

EINKAUFEN

Die Auswahl an Spitze ist groß, Fabrikverkauf *Mo–Fr: Stresemannstr. 48 (Plauener Spitzenfabrikation Gustav Tegeler), Hasselbrunner Str. 129 (Plauener Spitze Manufactur), Annenstr. 9 (Mode & Spitze Plauen).*

ÜBERNACHTUNG

Am Theater
Behagliche Atmosphäre. *118 geräumige Zi., Theaterstr. 7, Tel. 03741/12 10, Fax 12 14 44, €€*

Alexandra
Das Haus mit Sauna und Whirlpool für gehobene Ansprüche. *72 Zi., Bahnhofstr. 17, Tel. 03741/22 14 14, Fax 22 67 47, €€€–€€*

Holiday Inn Garden Court
63 modern und farbenfroh eingerichtete Zimmer unweit des Zentrums. *Strassberger Str. 37–41, Tel. 03741/25 20, Fax 25 21 00, €€*

AM ABEND

Das *Vogtlandtheater, Theaterstr. 1–3,* ist ein Mehrspartentheater. ❖ Im *Malzhaus, Alter Teich 7–9,* gibt es Kleinkunst, Rock- und Folkloremusik sowie Filmvorführungen und Lesungen. ✱ Im Irish Pub *O'Conner's* in der *Oheim-Passage, Herrenstr. 20,* finden oft Livemusikabende statt.

AUSKUNFT

Tourist-Information
Unterer Graben 1 (im Neuen Rathaus), 08523 Plauen, Tel. 03741/291 10 27, Fax 291 11 09, E-Mail wifoe@plauen.de

ZIELE IN DER UMGEBUNG

Auerbach (115/F 2)
Die 1792 erbaute Nikolaikirche wurde 1992 zur *Göltzschtalgalerie, Rodewischer Str. 2, Mi–Fr 11–18 Uhr, Sa, So 14–18 Uhr.* In dem schön restaurierten Bauwerk fanden bildende Künstler eine Heimstatt, aber auch Kulturveranstaltungen wie Jazzkonzerte und Lesungen finden hier statt. *Informationen unter Tel. 03744/21 18 15.* Der 22 m hohe Bergfried bekam 1909 einen 25 m hohen Rundturm aufgesetzt, der mit seinem roten Dach zum Wahrzeichen der Stadt (20 600 Ew.) im Göltzschtal wurde. Im Ortsteil Brunn bietet das *Hallen- und Freibad* mit 10-m-Sprungturm, Whirlpool, Brodelbucht und Saunalandschaft Badespaß.

Burgk (114/A 2)
Hoch über der Saale thront das *Schloss Burgk,* in dem es prachtvoll ausgestattete Räume, wie z. B. den Rittersaal, zu sehen gibt. In der Schlosskapelle finden auf der Silbermannorgel von Mai bis Sept. Konzerte statt. Der Bau aus dem frühen 15. Jh. diente den Fürsten Reuß ältere Linie, die 1918 Regenten von Deutschlands kleinstem Staat, als Sommer- und Jagdjschloss. *Di–So 10–12.30, 14 bis 17 Uhr, Nov.–März bis 16 Uhr*

Burgstein (114/C 3)
Auf dem Burgstein (541 m) verstecken sich hinter Bäumen und

VOGTLAND

Sträuchern die Ruinen zweier Wallfahrtskirchen aus dem Mittelalter. Das war bis zur politischen Wende in der DDR fast allen jüngeren Vogtländern unbekannt, denn rund drei Jahrzehnte lang durfte der im DDR-Grenzgebiet sich erhebende Berg nicht betreten werden. Vom nächstgelegenen Dorf Krebes sind es 20 Min. Fußweg bis zum Burgstein. In Krebes, im Hermann-Vogel-Haus, erinnert eine Ausstellung an den bekannten, 1921 hier verstorbenen vogtländischen Zeichner und Illustrator spätromanischer Prägung. *April–Okt. Do–So 10–12 und 13–16.30 Uhr*

Falkenstein (115/F 3)
Das *Heimatmuseum* besitzt die größte Sammlung vogtländischer Moosmänner. *Di–Sa 9–12, 14–16 Uhr, So 9.30–12 Uhr, Schlossplatz.* Neben dem Museum ragt der Schlossfelsen auf. Er ist ein schöner Aussichtspunkt, der einen weiten Blick über die Stadt (10 000 Ew.) ermöglicht. Am Stadtrand lädt in der warmen Jahreszeit die Talsperre Falkenstein zum Baden.

Märchenpark Plohn (115/F 2)
Ein Erlebnis für Kinder: Auf einem Wasserfloß zurück in die Urzeit. In dem Freizeit- und Märchenpark in Plohn (bei Lengenfeld) sind Furcht erregende Dinos zu bestaunen, auch ein Märchenwald mit Darstellungen bekannter deutscher Märchen. Ferner gibt es ein Tiergehege und eine Wildwasserbahn. *Ostern–Okt. tgl. 9–18 Uhr.* Am Parkeingang die Gaststätte Forellenhof mit eigener Fischzucht und Fischräucherei, *Tel. 037606/341 63, €€.*

Kürbitz – der wohl ausgefallenste Taubenschlag im Vogtland

Kürbitz (115/D 3)
Die im Renaissancestil errichtete Salvatorkirche (17. Jh.) mit einer beachtenswerten Ausstattung gilt als die schönste im Vogtland. Der Kirche gegenüber ein eigenwilliger Taubenschlag, genannt Höller: ein fünfstöckiges Gebäude en miniature.

Oelsnitz (115/D 3)
Im Zentrum der vogtländischen Teppichweberei (12 900 Ew.) gibt es natürlich auch ein *Teppichmuseum*. Eingerichtet wurde es im Schloss Voigtsberg. *Di–So 13–17 Uhr, Schlossstr. 32.* Schon von weitem sind die beiden 70 m hohen Türme der St.-Jakobi-Kirche zu sehen; der Taufstein im Gotteshaus hat einen berühmten Schöpfer: Ernst Rietschel (1804–61), von dem das Goethe-Schiller-Denkmal in Weimar und das Luther-Denkmal in Worms stammen. Im *Tanz- und Freizeitzentrum Fun-*

tastic, *Adolf-Damaschke-Str. 57,* Vergnügungen auf drei Etagen.

Pausa (114/C 1–2)
Durch das Städtchen (4300 Ew.) verläuft die Erdachse – das behaupten zumindest die Pausaner seit 1934. Um Touristen anzulocken, ließen sie die Legende vom Mittelpunkt der Erde verbreiten. Auf dem Dach des Rathauses wurde ein 1200 kg schwerer Riesenglobus montiert, und wer im Rathauskeller einen kleinen Obulus einwirft, darf durch das »Schmiernippel« auf die rotierende Erdachse schauen. *Mo–Fr 8–18 Uhr, Sa, So 9–20 Uhr*

Rodewisch (115/F 2)
Auf der Schlossinsel sind die Grundmauern des »festen Hus Göltzsch« aus dem 13. Jh. zu sehen. Das benachbarte Museum Göltzsch sollte unbedingt in den Wintermonaten besucht werden: Die große und traditionelle Weihnachtsausstellung mit beweglicher Bergparade und einer 27 m² großen Eisenbahnanlage erfreut nicht nur Kinderherzen. *Di–Do, Sa, So 10–12, 13–16.30 Uhr, Schlossinsel.* Vorführungen in der Schulsternwarte und im Planetarium *Sigmund Jähn: Mi, Sa 14.30 Uhr, Fr 19 Uhr, So 10.30 und 14.30 Uhr, Abendbeobachtungen am Fernrohr (bei klarem Himmel) Okt.–März Fr 20 Uhr.*

Syrau (115/D 2)
★ Zu den wunderschönen Tropfsteinbildungen in der Drachenhöhle gehören die »Syrauer Gardinen«: 2,5 m lange und 1 m breite, zart getönte mineralische Ablagerungen. Höhlenbesucher sollten gut zu Fuß sein: Beim Rundgang sind 398 Stufen zu steigen. *Führungen (40 Min.) tgl. 9–16.30 Uhr, Am Höhlenberg.* Die letzte Windmühle im Vogtland wurde zum *Museum der Mühlenbautechnik. Mai–Sept. Di bis So 11–16.30 Uhr, Juni–Aug. tgl. 11–16.30 Uhr, Windmühlenweg*

Talsperre Pirk (115/D 3)
✪ 4 km langes und etwa 500 m breites, die Weiße Elster stauendes Gewässer, das sich fast bis an den Stadtrand von Oelsnitz erstreckt. Baden, segeln, paddeln und Ssurfen am Nordufer. Die Staumauer ist 257 m lang und 24,5 m hoch.

Talsperre Pöhl (115/D–E 2)
★ ✪ Vogtländisches Meer nennen Segler, Ruderer, Schwimmer und Angler die Talsperre. An der Anlegestelle für die beiden Fahrgastschiffe am Westufer stehen Ruderboote und Wassertreter für einen Ausflug auf den See zum Mieten bereit. Die Fahrgastschiffe starten von Ende März bis Mitte Okt. zu einstündigen Rundfahrten. Am 27 km langen Ufer gibt es zahlreiche Liegewiesen, einen Sportpark mit Minigolfanlage und bei Helmsgrün einen FKK-Strand. ☆ Auf dem Eisenberg nahe der 312 m langen Staumauer steht der Julius-Mosen-Turm, der einen herrlichen Blick auf die Talsperre bietet. In Neuensalz, am südlichsten Talsperrenzipfel bei der B 173, wartet die *Kapelle Neuensalz* mit wechselnden Ausstellungen und vielfältigen Veranstaltungen auf. *Sa, So 14–17 Uhr, Informationen unter Tel. 03741/41 32 90.* In der Nähe überspannt die Elstertalbrücke, die zweitgrößte Ziegelsteinbrücke der Welt (12 Mio. Ziegel), das Tal der Weißen Elster.

ROUTEN IM ERZGEBIRGE/VOGTLAND

Von Weltwundern und Silberfunden

Die hier beschriebenen Routen sind in der Übersichtskarte im vorderen Umschlag und im Reiseatlas ab Seite 108 grün markiert

① WO MAN DAS SILBER FAND

Die Silberstraße, Sachsens erste Ferienstraße, zieht sich durch das gesamte Erzgebirge. Sie verbindet die einstigen Zentren des Silbererzbergbaus miteinander, in denen es zahlreiche bergbautechnische Anlagen zu sehen gibt, aber auch viele Bauwerke, die vom einstigen Reichtum der Bauherren und vom Kunstsinn der Baumeister künden. Die gut ausgeschilderte Ferienstraße beginnt in Zwickau, der interessanteste, etwa 220 km lange Teil führt nach Freiberg. Zwei Tage sollten Sie für diese Autotour einplanen. Dann haben Sie genügend Zeit für die Besichtigung von Museen und Bergbauanlagen und für Spaziergänge über mittelalterliche Marktplätze und durch verwinkelte Gassen.

Sie verlassen *Zwickau (S. 68)*, das durch das Schneeberger Silber reich geworden war, auf der B 93. Entlang der Zwickauer Mulde geht es durch Wilkau-Haßlau nach *Schneeberg (S. 49)*. Dort waren bereits im 15. Jh. rund 1200 Bergleute tätig. Manche bergbauliche Anlage blieb in dieser Stadt erhalten, darunter das *Siebenschlehner Pochwerk* in der Lindenauer Str. 2 und der heute als Badesee sehr beliebte *Filzteich*, der vor rund 500 Jahren für grubentechnische Zwecke angelegt wurde.

Von hier aus fahren Sie weiter nach *Schlema (S. 53)*. Die Gegend ist geprägt vom Uranbergbau, den die Sowjets nach 1945 hier betrieben. Mittlerweile sind viele der alten Halden wieder bewaldet. Wie Maulwürfe mussten sich Zehntausende von Menschen damals in die Berge buddeln, ohne Rücksicht auf die Umwelt und ohne Rücksicht auf das eigene Leben. So fanden im Wismut-Schacht 250, in Niederschlema in der Nacht vom 15. zum 16. Juli 1955 33 Bergleute den Tod. Es existierte keine Feuerwehr für unter Tage, die Feuerlöscher funktionierten wegen Überlagerung nicht, Havariepläne für die Schächte gab es nicht.

Kurz hinter Schlema erreichen Sie das in einem Talkessel liegende *Aue (S. 51)*. In dieser Stadt begann in der zweiten Hälfte des 15. Jhs. die Suche nach Silber und Eisen. Nach 1700 erfolgte im Bergwerk *Weißerdenzeche St. Andreas,* dessen Huthaus bis heute erhalten geblieben ist, der Abbau des Kaolins für die Meißner Porzellanmanufaktur. Auf der B 101 fahren Sie weiter durch das Städtchen Lauter nach *Schwarzenberg (S. 54),* dessen größte Sehenswürdigkeiten Sie nur dann entdecken, wenn Sie ganz nach oben auf den Felssporn steigen: Von hier aus haben Sie einen wunderbaren ❖ Blick auf das Schloss, die Stadtkirche und die prächtigen Bürgerhäuser in den schmalen Straßen und Gassen. Über Scheibenberg fahren sie jetzt nach *Annaberg-Buchholz (S. 31),* auf einer Straße, über die im späten Mittelalter schwer beladene Fuhrwerke holperten, die Silber und andere Erze in die Hütten und Münzstätten brachten. Aber auch Abenteurer und fliegende Händler waren unterwegs, dazwischen ritten die königlichen Beamten.

Um Annaberg-Buchholz förderten im 16. Jh. rund 600 Gruben Erze. Wie es damals zuging, zeigen Szenen auf der Rückseite des 1521 in der St. Annen-Kirche geweihten Altars. Mitten in der Stadt, im Hof des Erzgebirgsmuseums in der Großen Kirchgasse 16, wurde 1993 zufällig ein altes Silberbergwerk entdeckt. Heute können Besucher auf der insgesamt 260 m langen Strecke ansatzweise nachfühlen, wie hart und qualvoll die Arbeit damals für die Bergleute gewesen sein muss. Eine der bedeutendsten Schauanlagen an der Silberstraße stellt in *Frohnau (S. 35)* das zum Technischen Museum gewordene Hammerwerk dar.

Nächstes Ziel ist *Marienberg (S. 42),* eine Stadt, die vor rund 500 Jahren eigens für Bergleute angelegt wurde. Als steinerner Zeuge von der großen Zeit des Silberbergbaus kündet die *Marienkirche,* die letzte der so beeindruckenden obersächsischen Hallenkirchen. Wie alle Gotteshäuser entlang der Silberstraße birgt sie zahlreiche Schätze sakraler Kunst, so zwei Bergmannsleuchten von 1614 und eine Sandsteinkanzel aus dem Jahre 1617. Vom breiten Tal der Flöha führt Sie die Silberstraße nun weiter über eine waldarme Hochfläche durch Forchheim und Brand-Erbisdorf bis nach *Freiberg (S. 64).* Durch Zufall fand man hier im Jahre 1168 das erste Silber. Prachtvolle Bauwerke stehen in der Altstadt, allen voran der Dom und das Rathaus. Es war das Silber, das die Stadt in den vergangenen Jahrhunderten reich gemacht hat. Mit einem Bummel zu Fuß durch Freiberg endet diese Autotour; die Silberstraße führt außerhalb des Erzgebirges weiter bis Dresden.

② »ICH WAR FROMM, KINDISCH UND HÜBSCH…«

 Das Erzgebirge und das Vogtland haben Menschen hervorgebracht, die großen Anteil an der wirtschaftlichen und kulturellen Entwicklung Sachsens haben. Andere sind in diese Region gekommen, weil sie sich hier ihren Fähigkeiten und Neigungen entsprechend betätigen konnten. Die vorgeschlagene ein- bis zweitägige Autotour führt zu einigen ihrer heute noch vorhandenen Wohn- und Wirkungsstätten. Sie hat eine Länge von etwa 200 km.

Chemnitz (S. 59) als größte Stadt im Gebiet dieses Reiseführers hat die meisten Übernachtungsmöglichkeiten zu bieten, deshalb sollten Sie sie als Start-

ROUTEN IM ERZGEBIRGE/VOGTLAND

und Endpunkt der Tour wählen. Nach rund 10 km ist bereits *Hohenstein-Ernstthal (S. 63)* erreicht. Ein Pilgerziel für alle Anhänger von Karl May. Hier, in diesem kleinen Städtchen kam der Schöpfer von Winnetou und Old Shatterhand 1842 als Sohn einer armen Weberfamilie zur Welt. Sein nur 425 cm breites Geburtshaus in der Karl-May-Str. 54 steht jedem Besucher offen.

Zwickau (S. 68) ist die Geburtsstadt von Robert Schumann (1810–56), dem Komponisten der berühmten »Träumerei«. Als 15-jähriger notierte er: »Ich bin in Zwickau geboren am 8ten Juni 1810. Ich war fromm, kindisch und hübsch, lernte fleißig.« Das Geburtshaus am Hauptmarkt war Mitte der Fünfzigerjahre so baufällig, dass es abgetragen werden musste. In seiner äußeren Form entstand es bis 1956 originalgetreu wieder. Das 1901 enthüllte Schumann-Denkmal, es steht zwischen Hauptmarkt und Altem Steinweg, zeigt den berühmten Komponisten überlebensgroß.

Keine 5 Min. laufen Sie von hier bis zur nahen Katharinenkirche, an der der revolutionäre Theologe Thomas Müntzer (um 1489–1525) gepredigt hat. Vor der Kirche wird Müntzer, der sich 1525 in Thüringen an die Spitze des Bauernheeres stellte, mit einem Denkmal geehrt.

1904 kam August Horch (1868–1951) nach Zwickau und etablierte den hier bis heute beheimateten Automobilbau. 1909 verließ Horch sein eigenes Unternehmen und gründete ein neues. Da sein Name als Markenzeichen vergeben war, wählte er für das neue die lateinische Übersetzung, nämlich Audi. Das Automobilmuseum, das den Namen von August Horch trägt, zeigt von ihm entwickelte Kraftfahrzeuge.

Die B 173 führt Sie nun weiter nach *Reichenbach (S. 79),* der Geburtsstadt von Friederike Caroline Neuber (1697–1760), der deutschen Theaterreformerin. »Mutter der deutschen Schauspielkunst« wird die Neuberin genannt, die den bis dahin üblichen possenreißenden Hanswurst von der Bühne verbannte. In ihrem Geburtshaus am *Johannisplatz 3* finden Sie ein Museum zum Leben und Wirken der Theaterprinzipalin.

Von Reichenbach über Mylau fahren Sie jetzt weiter in Richtung Greiz. Die imposante *Göltzschtalbrücke (S. 79)* ist Ihr Ziel. Das technische Meisterwerk der damaligen Zeit hat der im vogtländischen Wernesgrün geborene Andreas Schubert (1808 bis 70) geschaffen. Er gehört zu den bedeutendsten Ingenieuren des 19. Jhs., bereits mit 24 Jahren wurde er Professor an der neu gegründeten Technischen Bildungsanstalt in Dresden. Nach seinen Plänen entstanden die ersten Elbe-Personendampfschiffe »Königin Marie« und »Prinz Albert« und die erste unter dem Namen »Saxonia« in Deutschland gebaute Lokomotive. Die Göltzschtalbrücke mit ihren zu vier Geschossen aneinander gereihten Bögen ähnelt alten römischen Wasserleitungsbrücken, den Äquadukten. 26 Mio. Steine wurden für das lange Zeit als »achtes Weltwunder« gepriesene Bauwerk vermauert, über das auch in unseren Tagen noch Tag und Nacht Züge rollen.

Auf der A72 geht es nun bis zur Anschlussstelle Zwickau Ost und von dort über Wildenfels bis nach *Hartenstein (S. 52),* dem Geburtsort von Paul Fleming (1609–40). Der bedeutende Barockdichter hat uns zahlreiche Liebes-, Trink- und Festgedichte sowie Vaterlandslieder hinterlassen (»Denket, dass der Frieden nährt«). Im Museum wird Fleming vorgestellt, auf dem Marktplatz steht das 1896 für ihn enthüllte Denkmal.

In *Elterlein* erinnert auf dem Marktplatz ein brunnenartiges Denkmal an Barbara Uthmann (1514–75), deren Geschichte untrennbar verbunden ist mit der Entwicklung der Spitzenklöppelei im Erzgebirge. Hier, in diesem Städtchen wurde sie geboren, *Annaberg-Buchholz (S. 31)* war ihre langjährige Wirkungsstätte. Auf ihrem Grabdenkmal auf dem Trinitatisfriedhof in Annaberg ist zu lesen: »Sie ward durch das im Jahre 1561 von ihr erfundene Spitzenklöppeln die Wohltäterin des Erzgebirges.« »Erfunden« hat die Uthmann das Klöppeln nicht, es wurde vermutlich zuerst in Italien ausgeübt. So findet sich bereits 1493 in einem in Mailand unterzeichneten Vertrag das Wort »Klöppelarbeit«. Erst im 16. Jh. breitete sich das Klöppeln dann im Erzgebirge, in Schlesien, Bayern und im Harz aus. Barbara Uthmann, die Witwe eines reichen Bergherrn und Mutter von zwölf Kindern, die bei Adam Ries genaues Rechnen gelernt hatte, nutzte die Not der Menschen aus und ließ sie für wenig Geld für sich klöppeln. Damit wurde sie zur wohl bedeutendsten Unternehmerin ihrer Zeit im Erzgebirge.

In *Annaberg-Buchholz* können Sie auch den Rechenmeister Adam Ries (1492–1559) in seinem ehemaligen Wohnhaus besuchen. Die Redewendung »das macht nach Adam Riese« hat ihn unsterblich gemacht, auch wenn am Namen des Rechenkünstlers fälschlicherweise ein »e« angehängt wurde. Wie zuvor in Erfurt, wo er von 1518–22 lebte, gründete Ries auch in Annaberg eine private Rechenschule. Die meiste Zeit seines Lebens, über 30 Jahre, verbrachte Ries in Annaberg, wohin ihn mit Sicherheit der Silberbergbau gelockt hat. In den aufstrebenden und reichen Bergstädten fand er ein breites Betätigungsfeld auf mathematischem Gebiet.

Zwischen Annaberg-Buchholz und Marienberg liegt das kleine Dorf *Mauersberg (S. 44),* der Geburtsort der Brüder Rudolf (1889–1971) und Erhard Mauersberger (1903–82). Im Museum in der Hauptstr. 22, das auf die umfangreiche Erzgebirgssammlung von Rudolf Mauersberger zurückgeht, werden beide vorgestellt. Rudolf Mauersberger war mehr als 40 Jahre Kantor des Dresdner Kreuzchores, sein Bruder Erhard erwarb sich internationales Ansehen als Organist, Cembalist und Leiter des berühmten Leipziger Thomanerchors.

Die Kreuzkapelle (1950–53) auf dem Friedhof hat Rudolf Mauersberger gestiftet.

Damit endet Ihre Tour auf den Spuren berühmter Erzgebirgler und Vogtländer – über Wolkenstein und Zschopau gelangen Sie problemlos wieder zurück an Ihren Ausgangspunkt, nach Chemnitz.

MIT MARCO POLO INS GRÜNE

Große und kleine Entdeckungen

Mit Schmalspurbahnen und zu Fuß unterwegs

AUF SCHMALEN GLEISEN

Eisenbahnfreaks kommen von weit her angereist, um im Erzgebirge in Schmalspurzüge zu steigen, die von fauchenden Dampfrössern gezogen werden. Zwei Schmalspurstrecken konnten bis in unsere Tage als normale nach Fahrplan verkehrende Linienverbindungen erhalten werden, die Fichtelbergbahn und die Weißeritztalbahn. Die Kleinbahnzüge sind für viele kein Mittel zum Reisen mehr, sondern das Ziel von Reisen ins Grüne. Sie versetzen den Touristen unserer Tage zurück in die Zeit der Großeltern.

1. Tour: Mit der Fichtelbergbahn nach Oberwiesenthal

(117/D 2-3) In Cranzahl dampfen die Züge los. Für die 17,3 km lange Strecke nach Oberwiesenthal mit einer Spurbreite von 750 mm beträgt die Fahrtdauer rund eine Stunde. Das Kursbuch der Deutschen Bahn AG verzeichnet die Gebirgsbahn unter der Nr. 518, in beiden Richtungen gibt es täglich bis zu fünf Abfahrten. Einige Züge führen von Mi bis So einen bewirtschafteten Salonwagen mit 30 Plätzen, für die Platzbestellungen vorgenommen werden sollten.

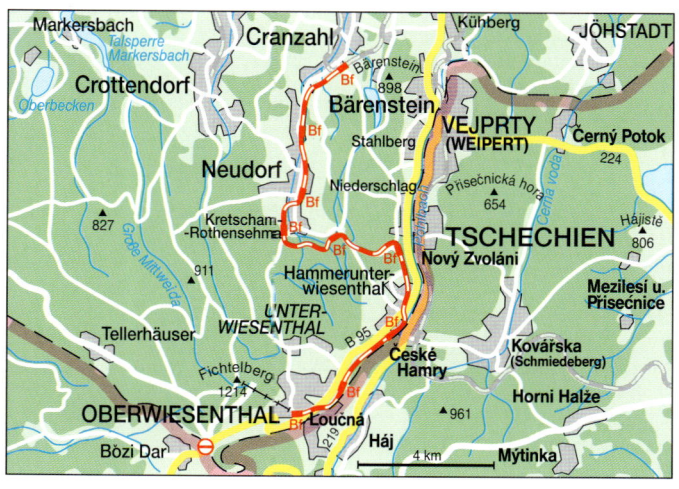

Auf schmalen Gleisen: die Erzgebirgsbahn bei Oberwiesenthal

Das kleine *Cranzahl* hat als Sehenswürdigkeit die Himmelfahrtskirche vorzuweisen, die 1910 auf den Grundmauern des Vorgängerbaus von 1556 entstand. Im Innern verdienen der von Peter Breuer geschnitzte Altar (1514) und der Taufstein (1557) Beachtung. Der wahrscheinlich um 1472 in Zwickau geborene spätgotische Bildschnitzer gehört zu den bedeutendsten sächsischen Künstlern jener Zeit. Sein Tod 1541 ist im Kirchenbuch der Zwickauer Katharinenkirche mit den Worten vermerkt: »Peter Breuer ist verschieden Montag nach natiuzatis marie 41.« Erhalten geblieben sind von Breuer u. a. 26 vollständige Altäre mit 146 Figuren, die aber oftmals nicht mehr in Kirchen, sondern in Museen stehen.

Südöstlich des Dorfes ragt der *Bärenstein* (896 m) aus der Landschaft, in der 1948–51 eine nur 30 ha große Trinkwassertalsperre entstand. Für den 420 m langen und 37 m hohen Staudamm wurde heimischer Gneis verwendet. Der Berg gab dem Dorf den Namen, Bärenstein zieht sich etwa 3 km an der Grenze zu Tschechien hin. Einzige Sehenswürdigkeit bildet die 1655 geweihte Erlöserkirche mit schmalen Fenstern und schiefergedecktem Walmdach. Gegenüber, getrennt durch Grenzpfähle und den Pöhlbach, liegt die Stadt Vejprty (Weipert).

Der Kleinbahnzug zuckelt durch das Tal der Sehma parallel zur Landstraße nach *Unterneudorf* (2,7 km). Wenn linker Hand der *Habichtsberg* (797 m) und rechter Hand der *Pollmerfelsen* (819 m) vorüber sind, kommt langsam der Bahnhof von *Neudorf* (4,5 km) in Sicht, ein lang gestreckter Ort mit einer Kirche vom Ende des 16. Jahrhunderts. Nach dem Haltepunkt *Neudorf-Vierenstraße* (6,0 km) verlässt der Zug das Tal der Sehma, nun führen die Gleise in einem großen Bogen ostwärts durch dichten Nadel-

MIT MARCO POLO INS GRÜNE

wald weiter nach *Kretscham-Rothensehma* (8,0 km).

Wenig später (9,4 km) beginnt der steilste Streckenabschnitt. In *Niederschlag* (10,5 km) biegt die Kleinbahn ins Pöhlbachtal ein und dampft in südlicher Richtung an der Grenze zu Tschechien entlang.

Sachsen besaß einst das umfangreichste staatliche Schmalspurbahnnetz Deutschlands, es umfasste 30 Strecken mit einer Länge von 541 km. Die Gleise mit der geringen Breite waren wesentlich kostengünstiger zu verlegen als die der Normalspur. Sie konnten schneller in das Gelände eingefügt werden, teure Brücken und Tunnel waren oft nicht erforderlich. Die Erzgebirgsbahn, die einen Höhenunterschied von 238 m bewältigt und deren Höchstgeschwindigkeit 25 km/h beträgt, fuhr am 20. Juli 1897 zum ersten Mal, nachdem eine »Hohe Verordnung des Königlichen Finanzministeriums in Dresden« drei Jahre zuvor den Bau der Bahn genehmigt hatte.

Touristische Gründe waren es nicht, die Gleise durch das Gebirge zu legen, sondern wirtschaftliche. Die zahlreichen in dieser Region entstandenen kleinen und großen Fabriken brauchten die Bahn, um ihre Waren schnell und kostengünstig transportieren zu können. Das blieb so bis lange nach dem Zweiten Weltkrieg, als auch die sowjetisch-deutsche Aktiengesellschaft Wismut die Bahn nutzte. Einige inzwischen begrünte Abraumhalden entlang der Strecke erinnern an den von ihr im großen Stil betriebenen Uranbergbau. Nach der nächsten Station *Hammerunterwiesenthal* (13,6 km) drängen sich die Berge an die durch das Tal führende B 95 und die Bahngleise. Nach dem Haltepunkt *Unterwiesenthal* (15,7 km) dampft der Zug über den 110 m langen und 23 m hohen Viadukt, die letzte und größte der fünf Brücken der Strecke, um kurz darauf in den Bahnhof von *Kurort Oberwiesenthal* zu fahren, der sich genau 893,96 m über dem Meeresspiegel befindet. Aus Oberwiesenthal, ein wenig übertrieben als »sächsisches St. Moritz« bezeichnet, kommen zahlreiche Olympiasieger, Welt- und Europameister, am bekanntesten von ihnen dürfte Skiflugkönig Jens Weißflog sein, dem es als bisher Einzigem gelang, viermal die Internationale Vierschanzentournee zu gewinnen.

Vom Oberwiesenthaler Kleinbahnhof sind es etwa 5 Min. zu Fuß bis zur Talstation der 1924 eingeweihten Schwebebahn, der ältesten in Deutschland, die dreieinhalb Min. für die 1175 m bis zum ✹ *Fichtelberg* benötigt, mit 1214 m der zweithöchste Berg des Erzgebirges.

Auskunft: *Die Fichtelbergbahn, Bahnhof Oberwiesenthal, 09484 Kurort Oberwiesenthal, Tel. 037348/ 15 10, Fax 151 29*

2. Tour: Mit der Weißeritztalbahn durch das Osterzgebirge

(**113/D 2-4**) Die Weißeritztalbahn, auch Osterzgebirgsbahn genannt, verbindet drei beliebte Ausflugsziele: den Rabenauer Grund, die Talsperre Malter und das östliche Erzgebirge um Altenberg.

Im Kursbuch der Deutschen Bahn ist die Weißeritztalbahn unter der Nr. 513 verzeichnet, in beiden Richtungen gibt es täglich acht Abfahrten. Die Fahrt auf der insgesamt 26,3 km langen Schmalspurstrecke mit einer Breite von 750 mm dauert etwa 90 Min., die Höchstgeschwindigkeit beträgt 30 km/h.

Die Schmalspurstrecke beginnt in *Freital-Hainsberg.* Das Städtchen Freital entstand aus sieben Gemeinden, deren Einwohner sich lange Zeit vom Bergbau ernährten. Vor dem Museum *Haus der Heimat* in der *Burgker Str. 61* steht ein Hunt mit Kohle; er erinnert an den 22. Juni 1959, als nach mehr als vier Jahrhunderten der Steinkohlebergbau endete.

Das Museum befindet sich im ehemaligen Herrenhaus (16. Jh., 1846 verändert) eines Kohlengrubenbesitzers. Nach dem ersten Haltepunkt *Freital-Coßmannsdorf* (1,6 km) dampft die Bahn durch den etwa 5 km langen *Rabenauer Grund,* dessen unterer Teil bis zu 80 m tief in die Felsen geschnitten ist. Der schmale Fußweg durch den Grund, durch den die Rote Weißeritz plätschert, besteht seit 1834. Er konnte erst fertig gestellt werden, nachdem Freiberger Bergleute zahlreiche Felsen gesprengt hatten. Die »Rote« Weißeritz heißt das Flüsschen deshalb, weil früher oft Eisen-

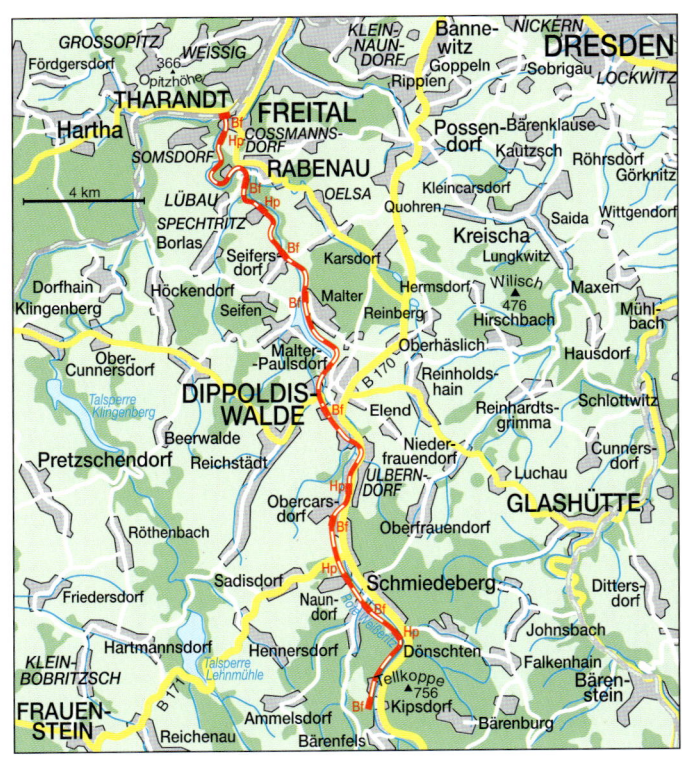

MIT MARCO POLO INS GRÜNE

oxyde der Schellerhauer Zinnwäschen das Wasser rötlich färben.

Das Städtchen *Rabenau* (5,3 km) hat Tradition im Sitzmöbelbau. Im alten Vorwerksgebäude der Burg, das noch gotische Gewölbe aus der Zeit um 1400 besitzt, entstand ein kleines Museum, das interessante und seltene Rabenauer Stücke zeigt. Gemächlich rollt der von einer Dampflok gezogene Schmalspurzug von Rabenau weiter durch den *Spechtritzgrund*. Beim Blick aus dem Fenster können Sie einen im Flussbett der Roten Weißeritz liegenden Felsbrocken erblicken, die Goldstampfe genannt. Vor Jahrhunderten, so wird erzählt, habe man an dieser Stelle aus dem Flusssand erfolgreich Gold gewaschen.

Nach *Spechtritz* (6,9 km) fährt der Zug durch den Seifersdorfer Grund mit schroffen Felsen auf der linken Seite, hält in *Seifersdorf* (9,0 km) und steuert danach das Dorf *Malter* (10,9 km) an, nach dem die 1909 bis 1913 erbaute Talsperre benannt wurde. Die kleinste Talsperre im Osterzgebirge mit zahlreichen Badestellen an ihrem Ufer staut das Wasser der Roten Weißeritz. Die Staumauer hat eine Länge von 193 m und eine Höhe von 34 m.

Am Ostufer der Talsperre entlangfahrend, erreicht der Zug nach kurzer Fahrt *Dippoldiswalde* (15,0 km), das seine Sehenswürdigkeiten auf engstem Raum vereint. Am Markt dominiert das Rathaus mit einem breiten Renaissancegiebel um 1540, die dreischiffige Stadtkirche stammt im Wesentlichen aus dem 15. Jh., die ältesten Teile der turmlosen Nikolaikirche werden auf die Jahre um 1230 datiert. Über *Ulberndorf* (17,5 km), *Obercarsdorf* (19,9 km) und *Schmiedeberg-Naundorf* (21,0 km) erreicht der Zug *Schmiedeberg* (22,2 km), in dem mit der *Dreifaltigkeitskirche* eine der schönsten Kleinkirchen Sachsens steht. Den barocken Zentralbau hat George Bähr entworfen, dessen bedeutendstes Bauwerk, die kriegszerstörte Frauenkirche in Dresden, gegenwärtig wieder errichtet wird.

Nach dem Haltepunkt *Buschmühle* (23,5 km) dampft der Zug zwischen Waldhängen zum schön gelegenen *Kurort Kipsdorf* (26,3 km), der sich zu Füßen des Hohen Brandes (650 m) und der Tellkoppe (758 m) ausdehnt. Der Bahnhof liegt genau 533,48 m über dem Meeresspiegel. Als er 1932–35 vergrößert wurde, um die immer reichlicher anreisenden Feriengäste aufnehmen zu können, mussten mehr als 40 000 m³ Fels gesprengt und abgetragen werden.

Auskunft: *Weißeritztalbahn, Tellkoppen-Str. 2, 01776 Kurort Kipsdorf, Tel./Fax 035052/642 26*

ZU ZEUGEN DER BERGBAUGESCHICHTE

Jahrhunderte haben die Menschen im Erzgebirge vom Bergbau gelebt und oftmals im wahrsten Sinne des Wortes keinen Stein auf dem anderen gelassen. Zeugen dieser bewegten Geschichte sind vielerorts vorhanden. Zu einigen von ihnen kann man im Greifensteingebiet auf dem Bergbaulehrpfad Silberstraße wandern. Der danach vorgestellte Köhlerweg in Sosa führt zu Spuren alter Meilerstätten, denn ohne Holzkohle wären einst Bergbau und Hüttenwesen nicht möglich gewesen.

1. Tour: Bergbaulehrpfad Silberstraße
(**111/E 6**) Der Bergbaupfad beginnt in Geyer, führt am Greifenbachstauweiher vorbei und endet in Ehrenfriedersdorf. Der mit einem silbergrauen, geschwungenen S markierte Wanderweg hat eine Länge von etwa 13 km.

Es geht los am Wachturm in *Geyer,* zunächst führt die Wanderung zur Pinge, einem 250 m langen, 200 m breiten und 50 m tiefen Krater. Durch das reizvolle Greifenbachtal erreichen wir den *Reicher-Silber-Trost-Stolln* und wenig später den *Greifensteinstolln.* Das unterirdische Streckennetz in diesem Gebiet betrug fast 8 km, 4,7 Mio. Tonnen Erze wurden bis 1990 gefördert.

Vom Goldenen Adlerstolln sind es 750 m bis zum *Greifenbachstauweiher,* auch Geyerscher Teich genannt. Es ist die älteste Talsperre des Erzgebirges, sie entstand um 1400, um den großen Wasserbedarf des Bergbaus zu decken. 1968 begann der Ausbau der Talsperre zu einem heute viel besuchten Erholungsgebiet. Weiter geht es zur *Felsengruppe Greifensteine* mit einem Naturtheater und zur *Stülpnerhöhle.* Absperrungen sollten unbedingt beachtet werden, denn in dieser Region gibt es zahlreiche einsturzgefährdete Stellen. Am Nordosthang der Greifensteine erstreckt sich das Röhrenbohrer Grubenfeld, das Ende des 18. Jhs. zu den ergiebigsten gehörte. Kurz vor Ehrenfriedersdorf wird der *Heinrich-Hoffnung-Tagesschacht* erreicht, der 1805 bis auf 28 m geteuft wurde. Durch *Ehrenfriedersdorf,* vorbei am Rathaus und der Stadtpfarrkirche St. Niklas, führt der Weg weiter zum *Stauberg* mit dem *Besucherbergwerk* in einer der ältesten Zinngruben Deutschlands.

Auskunft: *Tourist-Information, Max-Wenzel-Str. 1, 09427 Ehrenfriedersdorf, Tel./Fax 037341/30 60*

2. Tour: Köhlerweg Sosa
(**116/B 2**) Der mit dem Hinweis Köhlerweg und dem Meilersymbol markierte Weg hat eine Länge von etwa 10 km, er besteht aus der 7 km langen Südschleife und der 3 km langen Nordschleife. Viele Bänke laden zum Verweilen ein, und Lehrpfadtafeln geben Auskunft über die Holzköhlerei in früheren Zeiten sowie die Natur.

Sie wandern los am Parkplatz bei der *Talsperre Sosa,* die 1951 als »Talsperre des Friedens« eingeweiht wurde und die Trinkwasserversorgung zahlreicher Erzgebirgsorte sicherte. Etwa 200 m entfernt, in einem ehemaligen Steinbruch, begannen ab 1996 Erdmeiler zu rauchen. Doch schon lange hat die Köhlerei Marggraf auf Retorten umgestellt, wie die großen Stahlkessel genannt werden, die produktiver arbeiten und leichter zu bedienen sind als Naturmeiler.

Wieder zum Parkplatz zurückgekehrt, geht es zum Ortsteil *Siedlung* und von dort auf dem ehemaligen, heute verfüllten Hanggraben weiter. Der Graben entstand, um der neuen Talsperre vom Sosabach Wasser zuzuführen. Nach etwa 1 km überquert der Weg, der herrliche Aussichten bietet, die Riesenberger Straße. Man wandert weiter durch Wiesen und Wald, bis ein Schild den Weg zur ehemaligen *Köhlerei Klug* weist. Es ist der Platz der letzten Wanderköhlerei im

MIT MARCO POLO INS GRÜNE

Einst waren die Köhlereien Nebenerwerbsbetriebe, dann wurden sie zum wichtigsten Motor des erzgebirgischen Bergbaus

Erzgebirge, die 1996/97 nach alten Fotos sorgfältig rekonstruiert wurde. »Vater Klug«, wie der Köhler genannt wurde, ist 1947 verstorben.

Anfangs waren es im Erzgebirge Bauern, die die Köhlerei als Nebenerwerb betrieben. Die gewerbliche Köhlerei begann am Ende des Mittelalters, denn ohne Holzkohle war damals keine Eisengießerei möglich, ohne Holzkohle konnte kein Schmied arbeiten. Wegen ihrer billigen Herstellung und ihrer sehr hohen Temperaturerzeugung eignet sich Holzkohle vorzüglich zum Schmelzen von Erzen. Das Gewerbe ging zurück, als Stein- und Braunkohle mit der Eisenbahn bequem auch in die entlegensten Winkel des Erzgebirges transportiert werden konnten. Vorbei am Feuerlöschteich geht es zur Straße nach Fällbach, an der ein Schild über einen weiteren einstigen Köhlerplatz informiert. Wer dann den steilen Aufstieg zum *Sonnenberg* (734 m) geschafft hat, kann sich wenig später über den herrlichen Blick auf die Stadt *Eibenstock* freuen. An der Schwarzenberger Straße erreicht man Sosas zweite Köhlerei. Der angenehme harzige Duft des Holzkohlenrauches weist den Weg.

Die *Köhlerei Gläser,* 1994 von Blauenthal nach hier umgesiedelt, ist ebenfalls ein Familienbetrieb. Neben dem Parkplatz bei der Köhlerei, an dem die etwa 3 km lange Nordschleife des Wanderweges beginnt, befindet sich einer der schönsten Aussichtspunkte dieser Region.

Wer sich für die »Kurzfassung« des Wanderweges entschieden hat, lässt diese Schleife weg und wandert vom Parkplatz zur Ortsmitte von Sosa, von der es etwa 1 km bis zum Ausgangspunkt an der Talsperre sind.

Auskunft: *Gemeindeverwaltung, Hauptstr. 28, 08326 Sosa, Tel. 037752/81 21, Fax 81 22*

PRAKTISCHE HINWEISE

Von Auskunft bis Wintersport

Die wichtigsten Adressen und Informationen für Ihre Reise ins Erzgebirge und Vogtland

AUSKUNFT

Tourismusverband Erzgebirge e. V.
Adam-Ries-Str. 16, 09456 Annaberg-Buchholz, Tel. 03733/18 80 00, Fax 18 80 020, E-Mail jvverzgebirge@t-online.de

Tourismusverband Vogtland e. V.
Friedrich-Ebert-Str. 21 a, 08209 Auerbauch, Tel. 03744/18 88 60, Fax 18 88 659, E-Mail info@vogtlandtourist.de

Tourismusverband Westsachsen e. V.
Hauptstr. 6, 08056 Zwickau, Tel. 0375/29 37 11, Fax 29 37 10, E-Mail info@frv-westsachsen.de

BADEN

Folgende Stauseen sind als Badereviere ausgewiesen: der Kleine Galgenteich bei Altenberg, die Talsperre Malter bei Dippoldiswalde, der Greifenbach-Stauweiher bei Geyer, der Filzteich bei Schneeberg und im Vogtland die Stauseen Pirk und Pöhl.

Deutschlands älteste Kabinenbahn schwebt auf den Fichtelberg

BEHINDERTE

Viele Hotels im Erzgebirge und im Vogtland haben behindertengerechte Zimmer, immer mehr touristische Einrichtungen sind auch für Rollstuhlfahrer zugänglich. So verfügt das Schaubergwerk »Vereinigt Zwitterfeld zu Zinnwald« in Zinnwald-Georgenfeld über spezielle Rollstühle auf Schienen für die Tour unter Tage. Der König-Albert-Turm mit seinem Personenaufzug auf dem Spiegelberg bei Waschleithe sowie das Spielzeugmuseum Seiffen sind behindertengerecht ausgebaut, ebenso wie die komfortablen Nahverkehrszüge des Euroregionalen Nahverkehrssytems EgroNet. Konkrete Auskünfte gibt es bei den Tourist-Informationen.

DIPLOMATISCHE VERTRETUNGEN

Österreichische Botschaft
*Friedrichstr. 60
10117 Berlin
Tel. 030/229 05 65, Fax 229 05 69*

Schweizerische Botschaft
*Kirchstr. 1
10557 Berlin
Tel. 030/390 40 00, Fax 391 10 30*

Interessante Internetadressen

Erzgebirge und Vogtland im Überblick
www.tourismus-erzgebirge.de
www.vogtlandtourist.de

Sachsens erste und längste Ferienstraße
www.silberstrasse.de

Blick in die Welt der Tropfsteinhöhlen
www.drachenhoehle.de

Besuch bei der Pilslegende Wernesgrün
www.wernesgruener.de

Eine kleine Pyramidentour
www.tira.de/tira/infos/erzgebirge/Pyramiden/auftour.htm

Chemnitzer Baugeschehen mit der Web-Kamera
www.chemnitz.de/de/flash.htm

EURO

Bei Redaktionsschluss waren noch nicht alle Euro-Preise festgesetzt. Wir haben die Preise deshalb in manchen Fällen auf- bzw. abgerundet. In der nächsten Auflage finden Sie wieder wie gewohnt die exakten Preise.

JUGENDHERBERGEN

Jugendherbergen sind preiswert und schon lange nicht mehr nur für junge Menschen offen. Erforderlich ist lediglich ein gültiger Ausweis des Deutschen Jugendherbergswerkes (DJH) für Junioren (bis 26 Jahre) oder Senioren (ab 27 Jahre). *Auskunft: DJH-Landesverband Sachsen e.V., Zschopauer Straße 216, 09162 Chemnitz, Tel. 0371/56 15 30, Fax 561 53 99*

MUSEEN

Es gibt unzählige Museen im Erzgebirge und Vogtland. Die Palette reicht vom Freilichtmuseum Seiffen über die Kunstsammlungen in Chemnitz bis zu Gedenkstätten für Adam Ries oder Robert Schumann. Rund zwei Dutzend Schaubergwerke und fast ebenso viele technische Museen geben Einblick in die jahrhundertealten Traditionen des Bergbaus und der bodenständigen Industrie. Bei den Schaubergwerken sollten Sie sich nach der nächsten Führung erkundigen, um längere Wartezeiten zu vermeiden. In manchen Schaubergwerken haben Kinder keinen, oder nur ab einem bestimmten Alter Zutritt. *Mo* haben viele Museen geschlossen.

NAHVERKEHR

Im Vogtland entstand unter dem Namen »EgroNet« ein Euroregionales Nahverkehrssystem, das in dem ländlich geprägten Raum Bahn und Straßenbahn, Bus und Taxi in einer bislang unbekannten Qualität miteinander verknüpft.

PRAKTISCHE HINWEISE

Rund 50 deutsche und tschechische Verkehrsunternehmen sind daran beteiligt. Das Projekt verbindet mit einheitlichem Fahrplan und Tarifsystem insgesamt vier Länder. Eine weitere Besonderheit: Der RegioSprinter, ein Eisenbahn-Dieseltriebwagen, fährt auf einem eigens für dieses Projekt konstruierten Drei-Schienen-Gleis bis in die City von Zwickau und hält direkt vor dem Dom. *Auskunft unter Tel. 03744/19 449.* Straßenbahnen verkehren in Zwickau, Chemnitz und Plauen.

Zum Nahverkehr gehören auch die beiden Bergbahnen: Die *Fichtelberg-Schwebebahn*, 1924 eröffnet und damit die älteste Kabinen-Pendelbahn Deutschlands, überwindet eine Höhe von 303 m. Für die 1175 m lange Strecke braucht sie nur 3½ Min. Die Talstation liegt 5 Min. Fußweg vom Bahnhof Oberwiesenthal entfernt, die Bergstation auf dem Fichtelberg. *Tgl. von 9–12.20 Uhr und 13–17 Uhr alle 15 Min. Auskunft: Tel. 037348/12 770*

Die 1911 eröffnete *Seilbahn Augustusburg* hat eine Streckenlänge von 1237 m, die Fahrtdauer beträgt 8 Min. Die Wagen hängen an einem etwa 3 cm dicken und 4 t schweren Seil. Die Talstation befindet sich gegenüber dem Bahnhof Erdmannsdorf, die 168 m höher gelegene Bergstation unmittelbar am Fuße des Schlossberges der Stadt Augustusburg. *Mo–Fr von 7.55–17.35 Uhr, Sa, So, Feiertage von 8.15–18.35 Uhr alle 15 Min. Auskunft: Tel. 037291/202 65*

NOTRUFE

Polizei
Tel. 110

Feuerwehr, Notarzt
Tel. 112

ÖFFNUNGSZEITEN

Wer sichergehen möchte, ob ein Restaurant geöffnet ist, sollte sich vorher telefonisch erkundigen. Sind keine Gäste mehr da, schließen die Restaurants oft auch früher als angegeben. Ruhetage gibt es auch, die sich hin und wieder verändern. Meist ist es ein Tag in der Woche, in den unfreundlichen Spätherbst- und zeitigen Frühjahrswochen sind es manchmal auch zwei. Fast alle Geschäfte in den kleineren Städten und Dörfern haben eine ein- bis zweistündige Mittagspause, die jedoch nicht einheitlich ist. Die Kirchen in den Städten öffnen im Sommer meist stundenweise, auf dem Lande ist man im Pfarramt fast immer bereit, die Kirchentür für Besucher aufzuschließen.

PANNENHILFE

Pannendienst des ADAC
Rund um die Uhr: *Tel. 01802/ 22 22 22*

PRIVATUNTERKUNFT

Privatquartiere werden in allen Ferienorten angeboten, meist über die Tourist-Informationen oder Kurverwaltungen. Ferienwohnungen und -häuser dagegen sind seltener, auch »Ferien auf dem Bauernhof« gibt es bisher kaum.

RADFAHREN

Trotz der hügeligen Landschaft sind Erzgebirge und Vogtland ideale Radwandergebiete, mit

Mountainbikes lassen sich auch die höchsten Berge bezwingen. Die 36 km lange Kammloipe, die vom vogtländischen Schöneck ins erzgebirgische Johanngeorgenstadt führt, steht im Sommer Radfahrern offen. Das Netz der Radwege wird von Jahr zu Jahr enger geknüpft. Ausleihmöglichkeiten für Fahrräder bestehen in fast jedem Ferienort.

REISEZEIT

Sowohl im Sommer als auch im Winter sind das Erzgebirge und das Vogtland als Reiseziel beliebt. Die Sommersaison beginnt Ende Mai und endet Ende Sept./Anfang Okt., die Wintersaison dauert von Ende Nov. bis Ende März/Anfang April. Bei guten Schneeverhältnissen gibt es an den Wochenenden in den Wintersportzentren Verkehrs- und Parkplatzprobleme. Wer Ruhe und Einsamkeit sucht, sollte das Frühjahr mit Krokuswiesen und blühenden Forsythien oder den Herbst mit seinen farbenprächtigen Laubbäumen, immergrünen Kiefern und Tannen wählen.

SCHMALSPURBAHNEN

Von den einst 19 Schmalspurstrecken in Sachsen haben sich im Reisegebiet zwei mit einer Spurweite von 750 mm erhalten, die täglich, das ganze Jahr über nach Fahrplan verkehren. Von Freital-Hainsberg über Dippoldiswalde nach Kurort Kipsdorf verkehrt die *Weißeritztalbahn* (auch Osterzgebirgsbahn genannt), von Cranzahl nach Oberwiesenthal die *Fichtelbergbahn*. Die 1892 erstmals verkehrende *Preßnitztalbahn* von Wolkenstein nach Jöhstadt (Spurweite 750 mm, Länge 23 km) wurde 1984 stillgelegt und abgebaut. Eisenbahnfreunde haben in zehnjähriger Arbeit die Strecke Steinbach über Schmalzgrube nach Jöhstadt wieder aufgebaut. Seit Sommer 2000 rollt auf den 8 km langen Gleisen die Preßnitztalbahn als Museumsbahn. *Auskunft: IG Preßnitztalbahn, Tel. 037343/80 800, Fax 80 809.*

Ebenfalls wieder befahren wird ein 3,9 km langes Teilstück der *Schönheider Bahn'l* von Schönheide Mitte nach Stützengrün. *Auskunft: Tel. 037755/43 03, Fax 25 61*

WANDERN

Die beste Zeit, das Erzgebirge und das Vogtland zu Fuß zu durchstreifen, sind das späte Frühjahr und der Herbst. Auf Proviantbeutel und Getränke können Sie gut verzichten, da es genügend auf Wanderer eingestellte Gaststätten gibt. Eine weitere Hilfe ist das sehr gut ausgeschilderte Wanderwegenetz, das eine Länge von weit über 5000 km hat. Neu ist die zwölftägige Tour »Wandern ohne Gepäck auf dem Kamm des Erzgebirges«, die vom vogtländischen Klingenthal bis nach Geising im Osterzgebirge über 210 km führt. Ebenfalls neu (und ebenfalls mit organisiertem Gepäcktransport) ist eine Tour auf dem Europäischen Fernwanderweg E3, der sich etwa 250 km durch das Erzgebirge schlängelt. Wer zielgerichtet eine Berggaststätte ansteuert, sollte vorher bei der örtlichen Tourist-Information die Schließtage erfragen. Etliche Wanderwege führen über die Grenze in die Tschechische Republik. Übergänge frei: *April–Sept. 6–22 Uhr,*

PRAKTISCHE HINWEISE

Okt.–März 8–18 Uhr. Auch wenn Kontrollen äußerst selten sind, sollten Sie Ihren Personalausweis immer dabeihaben.

WINTERSPORT

Zentren des Wintersports sind im Erzgebirge die Gebiete um Altenberg, Carlsfeld, Holzhau, Jöhstadt, Johanngeorgenstadt, Oberwiesenthal und im Vogtland Klingenthal-Mühlleithen sowie Schöneck. Gespurte Loipen und präparierte Pisten stehen zur Verfügung, Ski-Ausleihstationen sind vorhanden, insgesamt gibt es im Reisegebiet mehr als 100 Schlepplifte. Einen Pisten- und Loipenplan für das Fichtelberggebiet hält die Touristinformation Oberwiesenthal kostenlos bereit. Auf den Kammlagen bestehen in normalen Wintern von Ende November bis in den März hinein gute Schneeverhältnisse. Zu den besonders schönen Langlaufstrecken gehört die Kammloipe, die auf einer Länge von 36 km das Vogtland mit dem westlichen Erzgebirge verbindet. Sie beginnt in Schöneck und verläuft über Mühlleithen und Carlsfeld nach Johanngeorgenstad. Die mit blauen Schildern markierte Kammloipe führt überwiegend durch dichte Nadelwälder und ist somit weitgehend windgeschützt. Die Anschlussloipen sind an orangefarbenen Schildern zu erkennen. Kartenmaterial gibt es in Hotels und Touristenbüros.

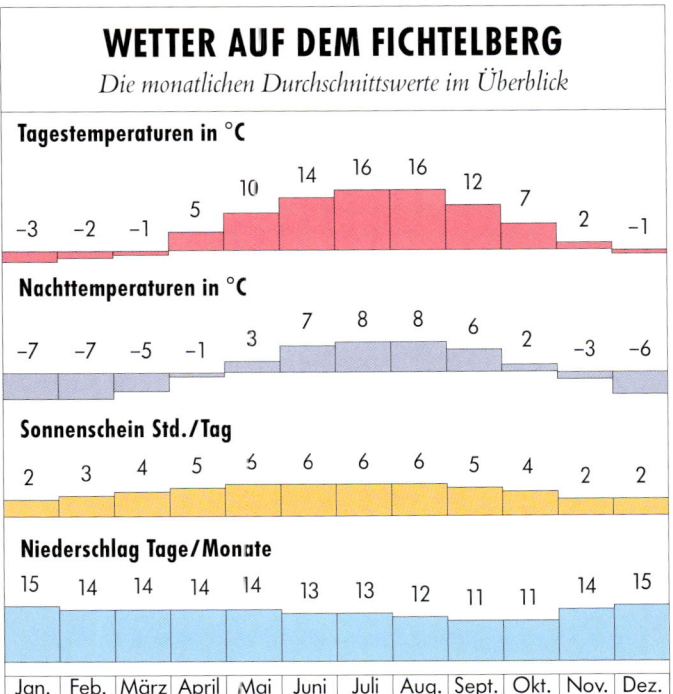

WETTER AUF DEM FICHTELBERG
Die monatlichen Durchschnittswerte im Überblick

	Jan.	Feb.	März	April	Mai	Juni	Juli	Aug.	Sept.	Okt.	Nov.	Dez.
Tagestemperaturen in °C	-3	-2	-1	5	10	14	16	16	12	7	2	-1
Nachttemperaturen in °C	-7	-7	-5	-1	3	7	8	8	6	2	-3	-6
Sonnenschein Std./Tag	2	3	4	5	5	6	6	6	5	4	2	2
Niederschlag Tage/Monate	15	14	14	14	14	13	13	12	11	11	14	15

Bloß nicht!

*Worauf Sie achten sollten,
damit Ihr Aufenthalt nicht getrübt wird*

Stöckelschuhe tragen
Unangebracht sind Sandalen oder hochhackige Schuhe bei Untertageführungen in bergbaulichen Schauanlagen. Auf keinen Fall warme Kleidung vergessen: Die Temperatur beträgt in einigen Hundert Metern Tiefe oft nur vier bis fünf Grad.

Leichtsinnig sein
Große Teile des Erzgebirges sind vom Bergbau unterhöhlt. In ihnen kann es zu Geländesenkungen kommen. Schilder »Lebensgefahr« warnen vor dem Betreten solcher Gebiete. Respektieren Sie auch die Hinweise an den Pingen von Altenberg und Geyer, denn das lose Gestein kommt schnell ins Rutschen.

Sich lustig machen
Ihres Dialektes wegen werden die Sachsen verspottet und verhöhnt. Hüten Sie sich, die Sprache eines Erzgebirglers oder Vogtländers als Sächsisch zu bezeichnen. Denn deren Dialekte weichen stark von der weithin bespöttelten Mundart ab, die zwischen Leipzig, Dresden und Chemnitz gesprochen wird.

Die Grenze wild passieren
Wanderwege und Straßen führen oft direkt an der Grenze zur Tschechischen Republik entlang. Sie sollten sich nicht zu einem wilden Grenzübertritt verleiten lassen. Die tschechischen Grenzer ahnden Grenzverletzungen häufig mit Festnahmen, vor allem, wenn kein Ausweis oder Pass vorgezeigt werden kann.

Den Naturschutz missachten
44 Naturschutzgebiete, 151 Flächendenkmale und drei international anerkannte Vogelschutzgebiete gehören zum Naturpark Erzgebirge/Vogtland. In den Schutzgebieten ist der Mensch Gast der Natur, Lärmen ist ebenso untersagt wie das Pflücken von Pflanzen und das Beunruhigen von Tieren.

Sich als Schatzsucher betätigen
Rücksichtslos wird nach Einbruch der Dunkelheit am Topasfelsen Schneckenstein gehämmert und gemeißelt. Schatzsucher, die bei nächtlichen Kontrollen überrascht werden, müssen mit einem Strafverfahren rechnen.

Den Wetterbericht überlesen
Wetterbericht und Hinweise von Einheimischen sollten beachtet werden. In den höheren Lagen, besonders im Fichtelberggebiet, ändert sich das Wetter innerhalb kurzer Zeit. Nebel und Sturm ziehen rasch auf, im Winter vereisen die Pisten schnell.

Reiseatlas Erzgebirge

Die Seiteneinteilung für den Reiseatlas finden Sie auf dem hinteren Umschlag dieses Reiseführers

Mit freundlicher Unterstützung von

kein urlaub ohne
holiday autos

www.holidayautos.com

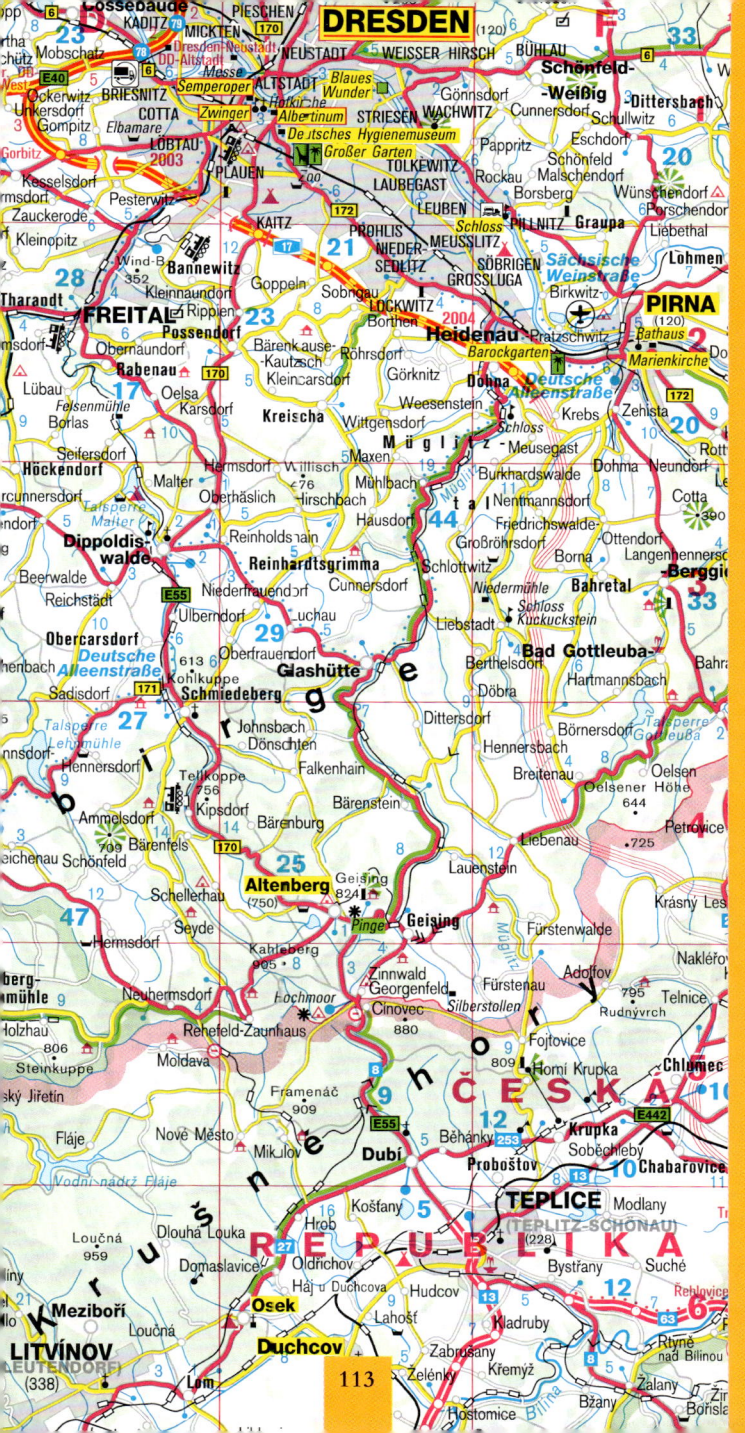

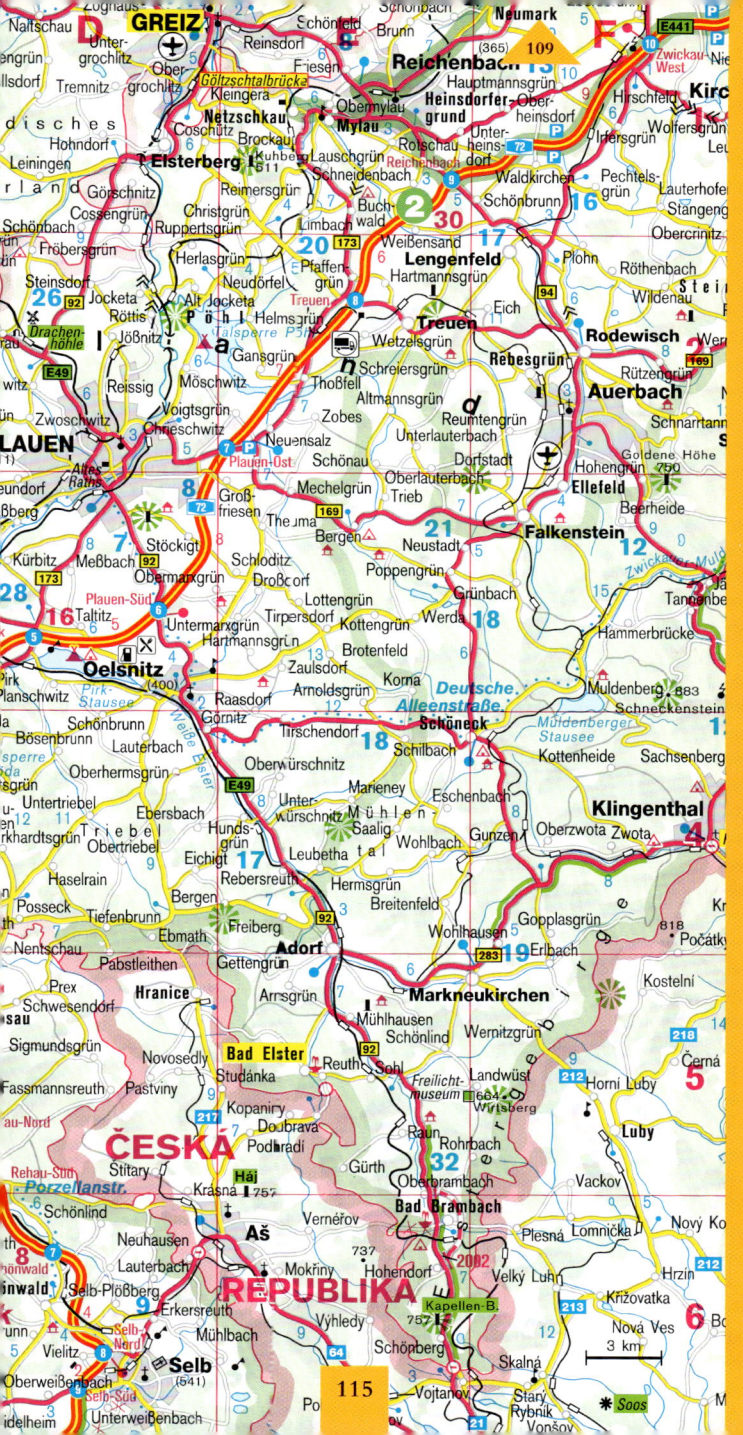

LEGENDE REISEATLAS

Autobahn mit Anschlussstelle und Anschlussnummer	Motorway with junction and junction number
Autobahn in Bau mit voraussichtlichem Fertigstellungsdatum	Motorway under construction with expected date of opening
Rasthaus mit Übernachtung · Raststätte	Hotel, motel · Restaurant
Kiosk · Tankstelle	Snackbar · Filling-station
Autohof · Parkplatz mit WC	Truckstop · Parking place with WC
Autobahn-Gebührenstelle	Toll station
Autobahnähnliche Schnellstraße	Dual carriageway with motorway characteristics
Autobahn oder autobahnähnliche Schnellstraße in Planung	Motorway or dual carriageway with motorway characteristics, projected
Fernverkehrsstraße	Trunk road
Hauptverbindungsstraße	Important main road
Verbindungsstraße	Main road
Nebenstraßen	Secondary roads
Fahrweg · Fußweg	Carriageway · Footpath
Gebührenpflichtige Straße	Toll road
Straße für Kraftfahrzeuge gesperrt	Road closed for motor vehicles
Straße für Wohnanhänger gesperrt	Road closed for caravans
Straße für Wohnanhänger nicht empfehlenswert	Road not recommended for caravans
Autofähre	Car ferry
Hauptbahn · Bahnhof · Tunnel	Main line railway · Station · Tunnel
Autozug-Terminal	Autorail station
Besonders sehenswertes kulturelles Objekt	Cultural site of particular interest
Besonders sehenswertes landschaftliches Objekt	Landscape of particular interest
Landschaftlich schöne Strecke	Route with beautiful scenery
Touristenstraße	Tourist route
Museumseisenbahn	Tourist train
Kirche, Kapelle · Kirchenruine	Church, chapel · Church ruin
Kloster · Klosterruine	Monastery · Monastery ruin
Schloss, Burg · Burgruine	Palace, castle · Castle ruin
Turm · Funk-, Fernsehturm	Tower · Radio or TV tower
Denkmal · Soldatenfriedhof	Monument · Military cemetery
Ruinenstätte, frühgeschichtliche Stätte · Höhle	Archaeological excavation, ruins · Cave
Hotel, Gasthaus, Berghütte	Hotel, inn, refuge
Campingplatz · Jugendherberge	Camping site · Youth hostel
Schwimmbad, Erlebnisbad, Strandbad · Golfplatz	Swimming pool, leisure pool, beach · Golf-course
Sonstige bedeutende Objekte	Other important objects

5 km

REGISTER

In diesem Führer finden Sie alle in diesem Führer erwähnten Orte, Sehenswürdigkeiten und Ausflugsziele sowie wichtige Sachbegriffe und Persönlichkeiten. Halbfette Seitenzahlen verweisen auf den Haupteintrag, kursive auf ein Foto.

Adorf 12, **84**, 120
Agricola, Georgius 11
Altenberg 6, **25ff.**, 101, 105f.
Annaberg-Buchholz 7, 12, 14, 21ff., **31ff.**, *32*, 90, 92, 120
Aue 4, 7, 9, 47, **51**, 89,
Auerbach 86
Auersberg 6, **48**, 56, *57*
Augustusburg, Schloss, Seilbahn 23, 60, **62f.**, *63*, 103, 120
Bad Brambach 12, 73, **76**
Bad Elster 12f., **73ff.**, *74*
Bärenfels *24*, 27
Bärenstein **34**, 94
Bergbaulehrpfad Silberstraße 98
Blankenhain 60, **71**
Bleilochtalsperre 78
Bockau 55
Breuer, Peter 94
Burgk 86
Burgstein 86
Carlsfeld 8, **49**, 105
Chemnitz *16*, 22, **59ff.**, 90, 102f.
Cranzahl 93, 104
Dippoldiswalde **27**, 97, 104
Dörnthal 31
Dorfchemnitz/Osterzgeb. 29
Dorfchemnitz/Westerzgeb. 15, **52**
Drebach 35
Ehrenfriedersdorf 23, 34, **35**, 98
Eibenstock **49**, 99
Elsterberg 79
Elstertalbrücke 88
Eubabrunn 76
Falkenstein 9, **87**
Fastenberg 15
Fichtelberg 22f., 31, *36*, **37**, 95, *100*, 103, 105, 120
Fichtelbergbahn 33, 37, **93ff.**, 104
Fleming, Paul 52, 92
Forchheim 31
Frauenstein 15, 22f., **28**
-Burgruine *26*, **28**
Freiberg 8, 15, 23, *58*, 59f., **64ff.**, *65*, 90
Freital-Hainsberg 25, 96, 104
Frohnau 9, 33, **35f.**, 90
Galgenteiche, Stauseen 25, 27, 101
Geising 11, 22, **29**, 104
Geisingberg 6, **29**
Geyer 22, **36**, 98, 106
Glashütte 27
Glauchau 71
Gleesberg 52
Göltzschtalbrücke 14, 73, 75, *78*, **79**, 91
Greifensteingebiet 23, 33, **36**, 98
Greiz 6, 73, **77ff.**
Großrückerswalde 31
Großolbersdorf 15, **43**

Grünhainichen 43
Günther, Anton 12, 45
Habichtsberg 94
Hammerbrücke 22
Hammerunterwiesenthal 91
Hartenstein 52f., 92
Hirschfeld 71
Hohenstein-Ernstthal **63**, 91
Horch, August 68f., 91
Holzhau 6, 105
Johanngeorgenstadt 14f., 23, **47ff.**, 105
Jöhstadt 104
Kalkenstein 91
Kammloipe 104f.
Keilberg/Westerzgeb. 53
Kipsdorf 28, 97, 104
Klaffenbach 63
Kleinbahn Syratal 84
Klingenthal 7, 22, 73, **80ff.**, 104f.
Klöppeln **12**, 31, 55, 120
Kretscham-Rothensehma 94
Kuhberg/Vogtland 79
Kürbitz 6, **77**
Landwüst 12, 75, **76**
Lauenstein 29
Lauterbach 31, **43**
Lengefeld 43
Lichtenstein 71
Lößnitz 53
Malter, Stausee 27, 97, 101
Marienberg 15, 22f., 31, **42f.**, 90, 120
Markersbach 56
Markneukirchen 7, 22f., 73, 75, **82ff.**, *83*
Mauersberg 31, **44**, 92
Mauersberger, Gebrüder 44, 92
May, Karl 63, 91
Morgenröthe-Rautenkranz 82
Mühlleiten 22, 105
Mürtzer, Thomas 69, 91
Mulenberg 82
Mylau 79
Naturpark Erzgebirge Vogtland *5*, 8, 106
Neuber, Caroline 79, 91
Neundorf 94
Neuensalz 88
Neuhausen 41
Niederschlag 94
Oberrabenstein, Naherholungszentrum 64
Oberwald, Stausee 64
Oberwiesenthal 12, *13*, 22f., *30*, 31, **37ff.**, 95, 103ff., 120
Oederan 67
Oelsnitz/Erzge. 71
Oelsnitz/Vogtland 13, **87**
Olbernhau 7, 22, **41**
Pausa 88
Paffroda 31
Park, Stausee 73, **88**, 101
Plauen 8, 19, 22f., **84ff.**, 103
Plohn, Märchenpark 87
Pockau **44**
Pobershau 44f.
Pöhl, Stausee 72f., 75, **88**, 101

Pöhla 47, 49, **56**, 120
Pöhlbachtal 95
Pollmerfelsen 94
Preßnitztalbahn 104
Rabenau 97
Raun 77
Reichenau 29, 79
Reichenbach **77**, 91
Ries, Adam **14**, 33, 92, 102
Rittersgrün 56
Rodewisch 88
Rote Weißeritz 96
Sauberg 34f.
Scharfenstein, Burg 15, **44**
Schauberwerke 28, 33, 48, 50, 56, 60f., 65
Scheibenberg 3
Schellerhau 27
Schlema 23, **53**, 89
Schmiedeberg 27, 97
Schneckenstein 81
Schneeberg 8, 15, 22f., *46*, 47, **49ff.**, 89, 101
Schönberg 6, **77**
Schöneck 7, 73, **82**, 105
Schönheide (Schönheider Bahn'l) 104
Schumann, Robert 11, **14**, 68f., 91, 102
Schwartenberg 41
Schwarzenberg 9, 14, 23, 46, **54f.**, 90
Seifersdorf 97
Seiffen *4*, 6ff., 13, 19, 22, 33, **39ff.**, 101f
Silbermann, Gottfried **15**, 23, 28, 31, 45, 64, 67, 71, 79, 86
Sonnenberg 99
Sosa, Köhlerweg, Talsperre **56**, *57*, 97f.
Spechtritz 97
Stauberg 98
Stülpner, Karl (Stülpnerhöhle) 42ff. 98
Syrau 75, **88**
Tannenberg, Grube 82
Thalheim 54
Tharandter Wald 67f.
Trabant **15**, 22, 69
Unterneudorf 94
Unterwiesenthal 95
Uthmann, Barbara 92
Voigtsberg, Schloss 13
Vogtländische Schweiz 80
Waschleithe 47, 49, **57**, 101
Weißeritztalbahn 27, **95ff.**, 104
Werdau 71
Wernesgrün 14, 22, **82**
Wintersport 22, 31ff., 37ff., 48, 73, 81, 95, **105**
Wolkenstein 44, 104
Zeulenroda 6, **79**
Zinnwald-Georgenfeld 28, 101
Zöblitz 31, **45**
Zschopau *7*, **45**
Zwickau *8*, *10*, 14, 15, 22f., 59, **68ff.**, 89f., 91
Zwönitz 13, **54**

119

Was bekomme ich für mein Geld?

 Als teures Reisegebiet gelten Erzgebirge und Vogtland nicht. In Dorfgasthäusern können Sie sich am Mittag durchaus für 8 Euro satt essen. Bei den Hotels und Pensionen mangelt es vor allem in den Städten oft an Zimmern der unteren Preisgruppe. Da hilft nur, auf Privatquartiere auszuweichen, die für zwei Personen mit Frühstück ab 20 Euro pro Nacht zu haben sind.

Museen verlangen meist 1 bis 3 Euro Eintritt. Teurer sind Grubenfahrten und Führungen in den Schaubergwerken. In Pöhla zum Beispiel zahlen Erwachsene 12,50 Euro und Kinder 4 Euro. Im warmen Wasser des Adorfer Waldbades können Sie für 3 Euro 2 Stunden baden, im Aqua-Marien-Erlebnisbad in Marienberg zahlen Sie 4,50 Euro für 1,5 Stunden, für Kinder 3 Euro, die Tageskarte gibt es für 8,50 Euro. Bei längerem Aufenthalt lohnt es sich, nach Sammeltickets zu fragen, so bei der Sommerrodelbahn in Oberwiesenthal: Die Einzelfahrt kostet 2 Euro, die 10er-Karte 15 Euro. Wer mit der Kabinenbahn auf den Fichtelberg schweben möchte, zahlt 4 Euro, Kinder etwa ein Drittel weniger. Preiswerter ist die Fahrt mit der Drahtseilbahn zur Augustusburg: 2 Euro für Erwachsene, 1 Euro für Kinder.

Kunsthandwerkliche Souvenirs aus dem Erzgebirge haben ihren Preis. Ein handgeklöppeltes Deckchen mit einem Durchmesser von 20 cm kostet etwa 40 Euro, eine Tischdecke mit einem Durchmesser von 200 cm 2000 Euro und mehr. Wenn Sie eine scheinbar ähnliche, aber bedeutend preiswertere sehen, ist es wahrscheinlich keine Handklöppelei, sondern eine maschinelle Arbeit aus dem Fernen Osten. Ein Räuchermännchen oder einen Nussknacker dürfen Sie für etwa 25 Euro nach Hause tragen. Wünschen Sie ein überdimensionales Exemplar von 180 cm Größe, werden Ihnen mindestens 1700 Euro abverlangt.

Möchten Sie am Abend Kultur genießen, beispielsweise die Sommermusiken in der Annaberger St.-Annen-Kirche: Die Eintrittskarten kosten zwischen 3 und 5 Euro.

Die Preise verändern sich fast jährlich – und immer nach oben.

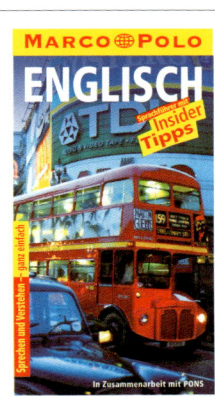

Damit macht Ihre nächste Reise mehr Freude:

Die neuen Marco Polo Sprachführer. Für viele Sprachen.

Sprechen und Verstehen ganz einfach. Mit Insider-Tipps.

Das und vieles mehr finden Sie in den Marco Polo Sprachführern:
- Redewendungen für jede Situation
- Ausführliches Menü-Kapitel
- Bloß nicht!
- Reisen mit Kindern
- Die 1333 wichtigsten Wörter